U0789499

圖書在版編目（CIP）數據

百年佛緣：2函14册／星雲大師口述.— 北京：中華書局，2016.7

ISBN 978-7-101-11193-4

Ⅰ.①百… Ⅱ.①星… Ⅲ.①星雲－傳記 Ⅳ.B949.92

中國版本圖書館 CIP 資料核字（2015）第 201425 號

責任編輯：劉樹林　張彩梅
　　　　　舒　琴　劉勝利

百 年 佛 緣

（二函　全十四册）

星雲大師　口述

*

中 華 書 局 出 版 發 行

（北京市豐臺區太平橋西里 38 號　100073）

http://www.zhbc.com.cn

E-mail:zhbc@zhbc.com.cn

揚州古籍綫裝文化有限公司印刷

*

2016 年 7 月北京第 1 版　2016 年 7 月第 1 次印刷

印數：1—1000 套　定價：2480.00 元

ISBN 978-7-101-11193-4

百年佛緣

星雲大師　口述

新春告白　二

目録

目錄

一九九〇年新春告白

各位護法、朋友們：大家好！

一九九〇年的春節又到了，祝福大家歡喜安樂！我在去年一九八九年的弘法歷程，應該向大家作個簡報。

繁花如煙、春意盎然的三月，我應中國佛教協會會長趙樸初長者之邀，率領「國際佛教促進會弘法探親團」，前往大陸弘法探親一個月。僧俗一行兩百餘人，參訪名剎古寺，會晤學術界、文藝界等人士，也舉行好幾場的講演、座談會，並返鄉探視慈母，祭掃恩師志開上人塔墓，造訪母院棲霞山寺。

闊別四十年來，再次面對往年的師友、故鄉的父老，內心頗有「離別家鄉歲月多，近來人事半銷磨；唯有門前鏡湖水，春風不改舊時波」的複雜心情。友誼法喜的增盛，讓我幾次百感交集，尤其在棲霞山寺的玉佛樓，那是四十年前我讀書時，禁止學生到達的地方。如今，寺裏安排我上座，我的老師們分站在兩邊，一時感到時空的遞變，不禁熱淚盈眶。四十年前，我爲佛教的弘揚立下微願，隨著時光的流逝，這份爲衆生奉獻的心願，究竟完成多少？

面對佛教急待復興與大家對佛法的盼望，更振奮我爲衆、爲教的願力。從北京一路至南方行來，只要有機會，我就建議政府給予宗教更大的空間，開放宗教信仰，還給寺院清淨與尊嚴。我也向國家主席楊尚昆先生建議，將寺院的園林還給寺方管理，將古物清點造册，交還寺院所有。只盼藉由此行，加强佛教文化交流，拉近兩岸同胞情感，促進當地宗教的發展。

就在我離開大陸月餘後，發生中國歷史上巨大的創痛「六四」事件，教人不勝欷歔！所幸政府有更大的包容力，大事化小，小事化無。我們所做無多，身爲佛子，唯有馨香一瓣，祈求佛陀加被，鑒別是非總結得失，大家忍耐和諧，共創未來美麗强大的中國。

「和平」是每個宗教所願，尤以佛教最爲推崇。我從北京回來之後，天下文化公司高希均教授，在遠東百貨公司舉辦「臺灣心·中國情」講座，邀請我講述大陸行的觀感；又應《聯合報》之邀，與天主教羅光主教在臺北耕莘文教院，以「宗教信仰的迷思與追尋」一題進行對談。一場講演、一場對話，吸引不少不同信仰的人士探討宗教問題，可見宗教是沒有界限的。

我應邀參加「北美洲佛教基督教神學會議第五屆大會」，種種的交流、對話，已爲宗教和諧、世界和平，敞開一扇大門。

在美洲的弘法，要向大家報告的是，去年六月聖地牙哥西方寺落成後，洛杉磯西來寺經過十一年籌建，終於在八月獲得全部的正式執照，也開始籌辦玫瑰園寶塔事宜。

除了傳播佛法，西來寺也發揮廣大接引、度衆的功能。例如慈莊代替我接待大陸來訪的師友：明暘、真禪、茗山、慈舟、清定、圓湛、合成、惠莊等長老，以及中國佛協蕭秉權副秘書長等。孫中山先生孫女孫穗芳女士、大陸名經濟學者千家駒教授、名記者江南遺孀崔蓉芝女士等，也都在這裏皈依三寶了。

年初時，我和西來寺住衆十餘人，應加州議會之邀，主持新年度開議灑淨法會，這是佛教儀式首度登上美國議事殿堂。十月，叢林學院西來分部開學，爲美國首次開辦的中文佛學院。十一月，我在西來寺宣講《六祖壇經》，每位聽講者收費美金五十元，計千餘人參加，這也是美洲大陸首次以佛門傳統「開大座」講經的弘法。不僅中美人士喜歡這種佛教儀式，此一項創舉，更顯示美國社會對佛法的接納，可說是美洲佛教史上值得刊載的一件事。這些都讓我不禁爲佛教發展的成就感到欣喜。

此外，我宣佈在洛杉磯籌辦西來大學，好讓西方人士有深入佛法的因緣。同時，加州柏克萊大學路易士·

蘭卡斯特教授發起「電腦大藏經」計畫，擬將梵、巴、中、日等大藏經輸入電腦，由佛光山負責漢譯部分。這項工作可謂是佛教經典的又一次結集，不僅在美洲，也將是全球佛教界，乃至佛學研究者的一大福音。

爲了讓佛光山派下各級佛學院的教育體系更爲健全、更有組織，經過數次會議討論後，更改了學制。在佛光山教育院下，設立「中國佛教研究院」、「叢林學院」、「東方佛教學院」等三級學部。另外，也成立「日文佛學班」、「英文佛學班」，以培養國際弘法人才的深度與廣度。

在佛學研究方面，去年以「六祖壇經之宗教與文化探討」爲主題，假佛光山舉行島內首次「國際禪學會議」。此次會議打破學術會議固有的形態，由中、美、日、韓等國卓越學府共同策畫。海內外五十餘位東西方學者，如傅偉勳、鄭石巖，美國蘭卡斯特、馬克雷，義大利桑底那，日本中村元、水野弘元、平川彰、柳田聖山，韓國金永斗等教授參與。學者們以中、英、日語發表論文，更凸顯了此次會議的國際特色。我想，這場會議的舉行，對振興中國禪風，帶動禪學研究，應有相當的影響和啓示，企盼禪學的花香能偏及世界，給予世人無盡法喜禪悅！

在文教弘法上，「星雲禪話」節目獲得「新聞局」頒發一九八九年「金鐘獎」，除了臺灣「中華電視臺」，也同時在美國亞洲電視播出；《佛光大辭典》獲得「新聞局」頒予一九八九年「圖書類金鼎獎」。財團法人社會大學也與佛光山文教基金會合辦社會大學，期盼建立終身學習體系，提升民衆的精神生活品質。

自前年首次舉辦「短期出家修道會」後，社會大衆更歡喜踴躍的要體驗出家生活了，七、八月報名參加者達五千人，足見現代人對心靈淨土的向往。還有，本山第二次舉辦歷時一個月的「行脚托鉢弘法大會」，一〇八位行脚僧，在護法信徒護持下，從基隆走到高雄佛光山，一步一步將原始佛教的風範，展現在二十世紀的人間。它呈現出佛教的積極面，提升世人信仰理念，更發揮了佛教淨化社會、美化人心的教化作用。尤其這次托鉢所得，悉數作爲西來大學創校基金，意義更是重大。

上述各事都是開山第二十三年的活動，承蒙十方大衆熱心護持，纔有如此的規模和成就。爲了感謝大家，在都監院安排下，十二月正式召開首次「功德主大會」。會中有各單位弘法事業報告、職事介紹、功德主以法印心、祈福法會等，僧信彼此交流瞭解，道情法愛深深凝聚；至此，佛光山已是一方人間淨土了。

走筆至此，也要向大家報告個人的弘法心得。九月，我曾到舊金山法學博士林富村府上「佛光普照」，有位女士說：「佛教一直在强調學佛、成佛，但我們知道成佛不是一件簡單的事，讓我們有種望塵莫及的感覺，爲什麼佛法不能實際一點，讓每個人不一定都要成佛，只要能做到比『人』高一些就好。」我聞言感觸頗深，佛教要普及、深入人心，必須提倡生活的佛教，否則天天高喊成佛、了生死，曲高和寡下，信徒只好放棄信仰佛教了。

這正是佛光山致力推動「人間佛教」的原因！我馬不停蹄地在全世界奔走，用心揣摩什麼樣的佛法能與大衆相應。像去年《藍與黑》作者王藍、《滾滾遼河》作者紀剛分別來訪，以及與作家林清玄座談時，我們談及「佛教與文學」的關係；訪問美國蒙特利市中美金齡會，爲老人講：「如何歡度老人生活？」「雅音小集」郭小莊小姐及其團員來訪，我和他們談「藝術與宗教」。乃至應「國防部」之邀，先後到各軍區講演，也到金門、馬祖戰地，在南竿中正堂、北竿中正堂、東引介壽堂，甚至於海、陸、空「三軍官校」主持「人生佛學講座」。

我爲社會大學講「佛教對當代社會病態的看法」，提供「明因果、持五戒、知感恩、有慚愧、肯包容、能惜福」的對治之方；應「救國團」李鍾桂主任之邀，對以服務爲職責的年輕人講「如何樹立工作者的形象」；面對「蘭嶼勵德訓練班」的同學，我鼓勵他們「吃得苦中苦，方爲人上人」，訓練堅强的意志，並且勇於認錯，爲自己的行爲負責。

一九九一年新春告白

各位護法、朋友們：大家好！

去年二月，佛光山舉行一九九〇年信徒香會時，我向大家介紹第一次來臺灣的母親。那時，她對著兩萬多名信眾說：「我要我的兒子好好接引大家，讓每一個人都能成佛……我沒有什麼東西可以給你們，我只有把我的兒子送給你們……」母親有著「大我」的情義，我當然更是認定自己終生為教、為眾的使命了。

佛光山自開山以來，制度的建立已漸落實。我一九八五年退位，宗委會卻一直還保留我的名額。為了健全體制，去年我堅持辭去職務，依嚴也表示跟著辭去，好讓其他人參與。第二屆的宗委會選出了心平、慈莊、慈惠、慈容、慈嘉、慈怡、心定、依恒、依空九人擔任宗委，相信這千載一時、任重道遠的會議，將依典章制度建立集體領導的典範，寫下佛光山另一章歷史。

在教育方面，西來大學在七月正式向美國政府申請立案了，這是中國佛教在西方國家成立的第一所高等學府，還被評為設備完善優良的學校。近百年來，西方人士到中國辦了很多大學，當我們有能力時，也願意在美國建一所大學以為回饋。加州政府教育廳高等教育審查委員席拉霍金斯、凱文吳爾福克、山姆古柏等，審查核准立案後表示：「以後若有人要申請建校，我們一定推薦當事者來請教西來大學。」這真是西來大學創校史上最珍貴的一刻。

新文豐出版社負責人高本釗居士，將出版社所有的書籍，送一整套給西來大學。臺南麻豆「普門仁愛之家」將負責人胡榮理居士生前的藏書二百六十餘冊，也全部贈給佛光山女眾學部圖書館。感謝眾多護法朋友的法佈施，更為佛光山教育事業受到肯定而欣慰。在培養人才上，夏威夷大學恰波教授多年來一直護

百年佛緣 四

一九九一年新春告白

新春告白 二

持佛光山，現在更介紹依法到耶魯大學跟隨外因斯坦教授攻讀博士學位。我勉勵依法努力用功，方不辜負老師的提攜。

為了淨化人心，並加強信眾對佛學的認識，佛光山文教基金會慈惠法師推動了全球性的「世界佛學會考」。這是不分男女老幼，甚至不認字者也可以參加的考試。考區遍佈臺、港地區，澳、美等國家，包括潘維剛「立委」、高雄縣余政憲縣長等，有二十萬人以上參與，為佛教弘法史上開創另一個新紀元。

一月，由佛光山文教基金會主辦的「佛教青年學術會議」，有來自臺灣各佛學院、碩博士生、各大專佛學社團，及夏威夷大學、韓國東國大學等數百位在學青年，齊聚於佛光山，共同探討「人間佛教」。另外，十二月召開的「國際佛教學術會議」，以「現代佛教」為題，有日本平川彰、美國蘭卡斯特教授發表主題演說；日本的鎌田茂雄、前田惠學，及美國傅偉勳、夏威夷娜西亞、加拿大冉雲華、韓國梁銀容等四十餘位教授發表論文。

此外，佛光山文教基金會贊助的「雲南大理佛教文化考察團」，七月至大理實地考察，回來後，將研究論著彙集成《雲南大理佛教論文集》，首開臺灣佛教學術界對大理佛教文化實地研究之風。而依昱、依淳也前往敦煌，參加「一九九〇年國際敦煌學術研討會」。希望藉此能喚醒大家對佛教文化的重視，並帶動學術研究的風潮。

臺灣社會解嚴後，出版社如雨後春筍般林立。去年佛光出版社應邀參加「香港第十二屆中文書展」，是參與國際性書展的第一步。另外，佛光山視聽中心將《星雲禪話》錄製成閩南語廣播劇，在「中國廣播公司」播出，並且成立「無德禪師」專線，希望聽眾能藉此法音釋疑，歡喜得度，這也是另一種「觀」「音」法門。

美國西來寺落成啟用後，所舉辦的各種活動、法會，吸引各媒體如 NTV、CNN 電視臺來採訪；加州州議會議長 David Robert 先生也前來西來寺參訪，他們讚美佛教的服務精神，認為西來寺建在加州，是加州的榮耀！經

過幾年來的開墾、種植，西來寺已是一片花團錦簇，來自各地的藝術品、雕像，佈置在寺內庭園，放眼望去，有如一座露天寶藏館。

去年春節，我人在西來寺，這是第一次在海外過年。身處他鄉異域，纔真正體會地球村、地球人、虛空、宇宙，其實都在當下的方寸中，何來他方國土？當下即是佛國世界！

三月，「佛光山苗栗講堂」落成，我前往主持佛像開光及皈依典禮，並以「佛教與人生」爲題，作三天的佛學講座。聊表我初到臺灣時，受到客家人衆照顧的一點感恩心意。

本山萬壽堂增建的工程，也已趨於完工，巍然聳立的七層大樓，遠遠望去，頗有宮殿沿壁建築的氣勢。這是佛光人一生安養的最終歸處，前有大武、高屏山水，後有大佛依護，好似一方佛光淨土。

年底，禪修二十年的卧龍崗市長佛蘭克·亞開爾，前來佛光山，將二十六畝地以澳幣一元承租給佛光山，作爲在澳洲籌建南天寺的所在地，我問他租期多長？市長打個禪機：「就兩百年好了，兩百年後我們再續約！」大衆聞言鼓掌，歡喜期待南天寺早日落成，好讓當地人有親近佛法的因緣。在美洲紐約有一塊原爲天主教露營區的 Camp Haye，如今也成爲佛門聖地，我們將它命名爲「鹿野苑」，取佛陀轉法輪之意，未來將規劃爲禪修教育用地。

四月，我應韓國頂宇法師之邀，前往九龍寺主持佛像開光落成典禮並作一場講演。韓國有「佛寶寺」之譽的通度寺，其退居老和尚月下長老，也在去年九月法駕佛光山，我親領全山大衆披搭袈裟恭迎。

之後，應法國靜心禪寺住持明禮法師之邀，我前往主持其道場的落成法會，並至歐洲各地巡迴弘法。由於戰爭，許多人漂泊異鄉，成爲「失根的蘭花」，佛教徒離開自己的國家，也將佛法的種子散播到世界各地，卻少有可以安頓身心的寺院。巴黎市長說：「各民族都有宗教思想，但願大家都能將文化、宗教相互融和，各自發展。歐洲這塊文明大陸，已有日本、泰國等佛寺，就是沒有大乘的中國寺廟。」

所謂「人能弘道」，真心盼望佛光弟子能發心到歐洲播撒菩提種子，讓海外的華人，在精神上獲得依靠，讓寺院成爲信徒、僑民、本土民衆交流的地方。

在講說上，於臺北「中山紀念館」、高雄文化中心的佛學講座，去年以「開大座」方式宣講「金剛經的理論與實踐」；十一月，在容納兩萬人的香港紅磡體育館，講說「佛教財富之道」、「佛教長壽之道」、「佛教人我之道」；同時應香港中文大學新亞書院之邀，前往講「禪與人生」；應美國耶魯大學、康乃爾大學亞洲學系主任 John Mcrae 之請，至康大講「人間佛教如何生活」。

除此，我也應慧律法師之邀，前往文殊講堂講演「般若與人生」；應蔣緯國將軍之邀，至「中華戰略學會」講「宗教與戰略」。其他如：高雄市政府勞工局、員林百果山國際獅子會、臺中光明獅子會、高雄樹德家商、羅東高職、臺中縣文化中心、林口「中央警官學校」等，也都隨緣前往講說結緣。甚至由於在軍中巡迴演講，「國防部」還在臺北國民黨軍隊英雄館頒給我一枚獎牌。

在「華視」「新聞廣場——社會亂象何時了」及「今晚有約」節目中，與名作家林清玄居士，一同接受張小燕小姐的訪問；應趙寧先生之邀，前往臺視「今夜星光」綜藝節目「誰來晚餐」單元介紹佛門禮儀。

感謝黎東方教授讚譽我：「將佛法親切帶入生活中來，所以佛教纔那麼生動蓬勃！」想起母親首度自大陸至西來寺時，爲她在佛前準備香花供養，她卻說：「佛不要香，也不要花，只要凡夫的一點心意。」我所以風塵僕僕，講說十方，無非也只想盡一份佛子的微塵心願，願佛光永不熄滅、法水川流不息，希望「人間佛教」滋潤衆生心啊！

有監教界僧團與在家教團之「職」、「責」混淆不清，讓一些有心學佛者無所適從，乃至學佛的人，行解不

合一，佛法與生活脱節。爲此，佛光山積極推動「中華佛光協會」的成立，希望能真正實踐「人間佛教」，讓佛教深入每個家庭，人人都能實踐佛法。

去年八月，由慈容擔任「中華佛光協會」秘書長，預計在今年二月三日，假臺北「中山紀念館」舉行成立大會。目前報名加入會員者，已有一萬多名，加上歐洲之行後，沿途荷蘭、英國、法國等各地信徒，也紛紛表示希望成立佛光協會。預計今年冬天就能在洛杉磯舉行第一屆世界會員代表大會，未來第二屆將在臺北召開，第三屆在紐約，第四屆在澳洲召開。期望能集中全世界佛教徒的力量，讓「佛光普照三千界，法水長流五大洲」。

佛光法水走向國際是必然的趨勢，兩千五百年前，佛陀活躍於印度社會各階層，現代的佛教徒更應該動起來，發揮慈悲樂觀、積極進取的精神，將佛教的光明、希望、歡喜，散佈在世界每一個角落，讓每一個人都能享受到人間淨土的清淨安樂，讓天下的衆生皆能承受佛陀慈光的温潤，勇敢無畏的在人生大道上向前邁進。耑此　順頌

自在吉祥

圓滿如意

星雲　合十

一九九一年元月一日

合一，佛法與生活脫節的。為此，佛光山積極推動「中華佛光協會」的成立，希望能真正實踐「人間佛教」，讓佛教深入每個家庭，人人都能實踐佛法。

去年八月，由慈容擔任「中華佛光協會」秘書長，預計在今年二月三日，假臺北「中山紀念館」舉行成立大會。目前報名加入會員者，已有一萬多名，加上歐洲之行後，沿途荷蘭、英國、法國等各地信徒，也紛紛表示希望成立佛光協會。預計今年冬天就能在洛杉磯舉行第一屆世界會員代表大會，未來第二屆將在臺北召開，第三屆在紐約，第四屆在澳洲召開。期望能集中全世界佛教徒的力量，讓「佛光普照三千界，法水長流五大洲」。

佛光法水走向國際是必然的趨勢，兩千五百年前，佛陀活躍於印度社會各階層，現代的佛教徒更應該走動起來，發揮慈悲樂觀、積極進取的精神，將佛教的光明、希望、歡喜，散佈在世界每一個角落，讓每一個人都能享受到人間淨土的清淨安樂，讓天下的眾生都能承受佛陀慈光的溫潤，勇敢無畏的在人生大道上向前邁進。耑此　順頌

自在吉祥

圓滿如意

星雲　合十

一九九一年元月一日

一九九二年新春告白

各位護法、朋友們：大家好！

在冬去春臨之際，我回顧一九九一年的佛光山，種種弘法的成果，顯示佛教已邁向現代化、社會化、國際化。歲月更迭，我們的腳步必須不斷向前，個人生命如此，大自然生命如此，佛教的生命也是如此。

「佛光山佛教青年學術會議」在一九九一年首日揭開序幕。以「佛教現代化」爲主題，共有二十八篇論文發表和研討。發表者平均年齡二十八歲，有志青年共逢此會，爲一年之始，展現了蓬勃朝氣。「現代」代表進步、迎新、適應、向上，佛教的發展也應隨著時代需要，作適當的調整與相應的創新。無論傳教、修行、寺院、制度、組織、思想等，必須迎向社會，契入人心，纔能在日新月異的洪流裏，生存延續，屹立不搖。

去年二月，「中華佛光協會」在臺北「中山紀念館」舉行成立大會，由慈容法師擔任秘書長。這個以信衆爲主體的民衆團體，在組織上具有世界性，在信仰上富有人間性。我主張分會護持道場，道場輔導分會，信衆、僧衆彼此尊重、相互配合。僧衆以寺院爲主，弘法利生，信衆則是推動文教活動，甚至未來也可以經由考試，提升爲檀講師、檀教師，共同廣宣佛法。

因此，我提出「佛光會」的組織、意義：「從僧衆到信衆、從寺院到社會、從靜態到動態、從自修到利人、從弟子到教師、從地區到世界」，以「慈悲喜捨徧法界，惜福結緣利人天；禪淨戒行平等忍，慚愧感恩大願心」爲修行方向。相信藉由這些理念的倡導及具體活動的舉辦，當能達到實際效益，健全佛教的組織與形象。

短短一年，臺灣全省從南到北，「佛光協會」如雨後春筍般紛紛成立，東京、美國、荷蘭、紐西蘭、菲律賓、雪梨等國家和地區，也都有佛光會的旗幟飄揚。我相信透過佛光會，未來的社會弘化，將更深入、更普及。

成立後的首次活動，是在臺北劍潭青年活動中心舉辦的「佛力平正二·二八死難同胞慰靈法會」。與會貴賓有：邱創煥「資政」、「國防部長」陳履安、「內政部長」許水德、臺北市吳伯雄市長、「社工會」鍾榮吉主任、陳重光先生、黃信介主席、康寧祥、陳水扁、張志民等「立委」，以及高雄縣余陳月瑛縣長、臺北市潘維剛議員等人，大家爲著一個共識，齊心齊力爲臺灣這片土地盡一點綿薄之力。

我相信世間有很多事，政治、法律不能完全公平、合理，但是，佛力、因果會還給大家一個公道。佛光山海內外道場，也同步爲受難者舉行超薦慰靈法會，基督教、天主教、道教等各宗教團體也舉行祈禱法會。期望以宗教的力量，撫平歷史的傷口、人心的傷痛。在此同時，佛光山也接受受難家屬的登記，將受難者的遺骨，安放在佛光山萬壽園。

談到戰爭，美伊波斯灣戰爭可謂是一場舉世憂心掛念的戰役。爲了讓傷亡減到最少，祈禱戰爭早日結束，洛杉磯的各宗教，包括佛教、天主教、伊斯蘭教、基督教、印度教及猶太教等宗教團體，聚集在西來寺，舉行「各宗教聯合祈禱世界和平大會」，希望匯聚宗教慈悲的力量，讓人間重現平和、安樂。

爲了響應高雄縣余陳月瑛縣長發起的「全民心靈淨化運動」，我在岡山中山堂作了三天的講演，講題分別爲「從人道到佛道」、「從入世到出世」、「從個人到世界」；在鳳山體育館講演「點亮心靈一盞燈」，也於高雄縣各鄉鎮陸續舉辦佛學講座，一時掀起南臺灣的聞法風潮。「中華佛光協會」也與高雄縣政府，合辦「高雄縣社區發展精神倫理建設巡迴活動」；在元宵節，擴大舉辦「萬人元宵上燈法會」。

此外，心平和尚代表本山，致贈佛光山萬壽堂兩千個免費龕位給高雄縣政府；佛光山動員出家衆與短期出家學員，爲鳳山地區民衆清理環境，期藉由外在的潔淨，進而掃除內心汙垢與社會浮華奢靡的風氣。我們相信，只要人人心中有佛，這個社會的顏色和聲音就會不同了。

去年佛誕節，「中華佛光協會」大安分會，在臺北西門町發起萬人連署簽名活動，向當局請願，希望將佛誕節訂爲假日暨世界和平日。這一天，佛光山派下各別分院全球同步舉行浴佛法會，人人在浴佛淨心中，共同營造清淨、歡喜的佛國世界。佛光山視聽中心、佛光出版社也特別發行《浴佛録音帶》及《釋迦牟尼佛傳》，一起響應這個活動。

繼一九七七年傳授三壇大戒之後，三月中旬，佛光山舉行爲期三個月的「萬佛三壇羅漢期戒會」。有來自美、韓、泰、尼泊爾、馬來西亞、印尼、新加坡、越南等十一個國家和地區、五百多位戒子海會雲來集，創下漢傳佛教史上戒期最長、教學最殊勝的紀録。

此次傳戒，一切謹遵佛門傳統規矩，包括行脚托鉢，親身體驗原始佛教的弘化生活。我希望革除以往戒期天天上堂、上供、拜齋的繁雜儀式，而讓戒子多多聽聞大德的佛法開示，因此，除了自己與他們小參座談外，也禮請臺灣教界，甚至海外大德爲戒子們授課。像韓國松廣寺退居和尚菩成長老、九龍寺住持頂宇法師，美國海印寺住持印海法師、紐約東禪寺住持浩霖法師、臺灣靈巖山寺創辦人妙蓮法師、「中國佛教會」理事長悟明法師、高雄佛教會理事長菩妙法師、金山分院住持悟一法師、「中國佛教會」秘書長了中法師、文殊講堂住持慧律法師等等。

過去善財童子必須跋涉山水，纔有五十三參的體驗，而諸位戒子，平時也未必能夠禮座諸山大德，今天不費一力，就能瞻仰法相，聆聽教誨，真是要感謝諸位長老大德慈悲蒞臨戒場授經護持。

在三壇羅漢期戒會期間，也同時舉辦四梯次的在家五戒菩薩戒，每一梯次多達一千餘人，打破了歷年各寺院傳戒紀録，爲此次的戒期添上不少色彩。

爲了讓徒衆莫忘肩上所擔負的弘法重任，並藉參學增長見識，一月，我率領各級學部師生、職事等四百六十餘人，參訪佛光山全臺別分院道場，讓大家直接瞭解它們的特色與歷史；十一月，也利用我在香港講座的機會，讓徒衆前往學習觀摩，並在講座結束後，到廣州、上海、桂林、北京等地參訪。

在教育方面，中國佛教在美國創辦的第一所大學——西來大學，於去年一月舉行開學典禮。感謝個別分院舉辦大悲懺法會、佛學講座及行脚托鉢等活動，爲西來大學籌募建校基金。劉枋女士更將收藏多年的珍貴書籍，悉數捐予西來大學圖書館，還有許多人傾盡全力支持；因爲有大家的奉獻，纔能成就這一椿美事，在此一併致謝。

文化方面也有顯著的進展，中國社會科學院舉辦的「中國敦煌古代科學技術展覽」，在本山文物展覽館展出三個月。十個朝代的生活智慧，十個朝代的文明脚印，十個朝代的宗教情懷，從大沙漠深處起身，重現佛山。這次展出的内容包括古代科技及敦煌藝術，現場並有十七種傳統工藝技術表演。如此撼動人心的展現，可謂以傲人之姿，帶領現代人走進歷史，一覩文明古國壯闊的智慧精華。

這次的展覽，意味著佛光山在海峽兩岸的地位價值已獲得肯定，也藉此促進了兩岸交流、宣揚佛教文化、提高佛教的地位，真可説是一場劃時代的盛會。

此外，舊金山佛光書局及臺北汀州路佛光書局陸續開幕；臺北佛光書局與力霸百貨合作，在臺北力霸百貨大樓舉辦佛教文物展；高雄佛光書局與五甲分會，一同在高雄大立百貨公司舉行「全臺佛教藝術文物展」。這些展覽不僅讓佛教書籍、文物，在繁華紅塵中，展現清澈光芒，也深獲社會大衆的好評與回響。臺北國際學舍的春季書展，佛光出版社是唯一參展的佛教出版社，吸引不少人潮來閱讀、選購。

佛光出版社與大陸藝文作家首度合作搜集、編録的中國佛教小説及散文選也出版了。選録一九四九年迄今，大陸五十位作家、五十七篇與佛教有關的散文及小説，編輯成六册。另外，《南海觀音大士》畫册，更爲

編譯館評選爲八十年甲類優良連環圖書。

本山、各事業單位及徒衆也紛傳喜訊。徒衆依益、永有分別進入英國牛津、倫敦大學博士班就讀。依恩於韓國東國大學完成碩士學位，她翻譯的《星雲法語》韓文版也出版了；慈善監院依靜法師獲得第五屆「吳尊賢愛心」獎；普賢寺住持依來法師，榮獲臺灣省社會登録爲「十步芳草光輝録」績優人員；本山獲全省各宗教團體興辦公益事業、慈善事業、社會教化事業等三項績優成績團體獎，心平和尚也獲得個人獎。

文教基金會榮獲高雄縣政府教育局頒發的「教忠教孝獎」，表揚基金會對社會教化工作的奉獻及努力；「内政部」許水德頒發「普濟羣倫」匾額，表揚佛光山致力於社會福利工作；「中華電視公司」播出的「星雲法語」，則獲「新聞局」頒發的「社會建設金鐘獎」。

三月，舉辦信徒香會同時，發行《佛光山做了什麽》，向廣大的信衆作個弘法報告。爲回饋檀那信衆的護持，七月，「檀信樓」落成啓用，設有大會堂、大齋堂、辦公室、禪坐室、談話室，提供信徒休憩、禪坐、觀賞影帶，或洽詢事務、開會、用齋及聽經聞法之場所。

在弘講方面，五月應《遠見》雜誌邀請，於「華視公司」講「兩岸宗教與文化交流展望」；十月，應日本東京佛光協會及日中問題研究會之邀，前往日本弘法。除了與許水德先生、西原佑一會長、曹洞宗館長丹羽廉芳長者晤談，我也主持了東京佛光協會成立大會、三場佛學講座、皈依三寶典禮。

接著，十一月應邀在高雄市中正文化中心至德堂，主講《維摩詰經》，五天講題分別爲「維摩其人及不可思議」、「菩薩的病與聖者的心」、「天女散花與香積佛飯」、「不二法門的座談會」、「人間浄土的内容」。五天裏吸引萬餘人前往聞法，千人皈依三寶，五十五人剃度出家。不久，又前往香港紅磡體育館舉行佛學講座，題目爲「禪浄律三修法門」，三天聞法人數近六萬人。

新春告白二

一九九二年新春告白

世事無常，任何人也都免不了身體的病痛。十月，我的眼睛做了兩次雷射治療，十二月，又因不慎跌倒，導致骨骼斷裂，住院開刀，讓我越發體認到色身的虚幻與不久長。腿傷期間，承蒙「行政院長」郝柏村先生、「新聞局長」胡志强先生，以及各界的關懷與探望，殷切之情實令我自慚自省，也自許復原後，必定繼續爲衆生奔波，心甘情願，無怨無悔。

回顧一九九一年，我們歷經多少顛簸起伏、混亂紛擾，所幸佛光人都能抱持利益衆生的信念，在萬千變化的現實生活中，步步踏實。未來將逐步邁入國際弘法的道路，大家不可忘失爲教爲衆的菩提心願。尚此　順頌

大雄大力

智慧如海

星雲　合十

一九九二年元月一日

一九九三年新春告白

各位護法、朋友們：大家新春吉祥！

一年之始，萬象歡騰，舉目所見皆是新綠盎然，一派吉祥之氣，令人不禁為生命源源不竭的活力而感動、雀躍不已！

一九九二年年初，我與高雄縣長余陳月瑛女士，同為五十一對新人主持「佛化婚禮」。此次首見的「集團佛化婚禮」，是為了革新社會風氣，倡導婚嫁節約而舉辦，在佛陀的見證及衆人的祝福下締結連理，成為菩提眷屬，其意義更是非凡。不但體現佛法的慈悲、包容及人間性，亦為新的一年注入萬分喜氣。

三月，李登輝先生在「副秘書長」邱進益、「中央黨部秘書長」宋楚瑜等人陪同下，來山參觀「中國敦煌古代科學技術特展」。他們頻頻讚嘆展覽會場的壯觀，及中華文化、科技之博大精深。三個月來，參觀者逾五十萬人次，可見現代人對中華文化的推崇，也代表我們在增進兩岸文化交流，帶動佛教發展上的意義與成效。

佛法的弘揚是多方面的，除了文化上的著力，道場的設立也很重要。去年，在信徒對佛法的熱烈需求下，佛光山海內外各地別分院紛紛成立，如：臺灣的板橋講堂、屏東講堂、東海道場、豐原禪淨中心、泰山禪淨中心等一一落成開光；佛光山金佛樓、玉佛樓，也舉行了聖像安座法會，未來將提供僧信二衆作為參禪、念佛的場所。海外的拉斯維加斯蓮華寺、英國倫敦佛光山寺、澳洲南天寺、中天寺、紐約講堂、倫敦講堂、紐西蘭禪淨中心等也分別落成或啓建；南非約堡、布魯芳登則先後成立佈教所。

南美洲巴西聖堡羅張勝凱居士捐獻土地，興建道場，我將之定名為「如來寺」，由覺誠、覺聖法師負責，成為佛光山在南美洲的第一所道場；南非布朗賀斯特市議長漢尼・幸尼柯爾博士也代表政府，致贈市中心六公頃的土地給佛光山，興建非洲第一座寺院——南華寺。《星島日報》胡仙女士言：「有人說二十一世紀是宗教的世紀，從佛教的角度看，也可說是佛光的世紀。」這實在是對佛光人最有力的鼓勵！

另外，三月正式成立「財團法人佛光淨土文教基金會」，由慈莊法師擔任執行長，負責推動各種弘法寺務及世界各地的建寺工作。「財團法人佛光山文教基金會」以舉辦學術會議、文教活動為主，兩個基金會屬性不同，分別承擔佛光山不同性質的工作。

自一九九一年成立「佛光會中華協會」以來，全球各地響應熱烈。去年在秘書長慈容法師的奔走下，巴黎、倫敦、巴西、紐約、棉蘭、拉達克、聖地牙哥等地相繼成立佛光協會。經過一年多的推動，目前已發展出五十四個國家和地區，兩百個分會。

五月十六日，在美國西來寺正式成立「國際佛光會世界總會」，共有來自三十個國家、五十一個地區，四千餘位會員代表及觀察員共逢盛會。除了美國總統布希先生致賀詞，也承蒙多明尼克總統塞紐瑞先生、加州州務卿余江月桂女士蒞臨，創下佛教國際性的空前盛會，真所謂「千載一時，一時千載」。

洛杉磯蒙特利市市長姜國樑先生，還宣佈五月十六日為「國際佛光日」。未來佛光會將以此次主題演說「歡喜與融和」的宗旨，將「歡喜」留存人間，推動世界的「融和」，引領大衆邁向祥和歡喜的境界，和「佛光普照三千界，法水長流五大洲」的理想。

第十八屆「世界佛教徒友誼會」和第九屆「世界佛教青年友誼會暨二十週年紀念大會」，首次在臺灣舉行。於臺北陽明山中山樓舉行的開幕典禮上，我就大會主題「互助、融和與歡喜」發表演說，盼望對世界各國及佛教的和平互助，能有些激勵作用。兩千五百多年來，佛教在不同地域、歷史、文化中，幾經考驗，發揮了佛教融和的堅韌生命，如今世界佛教團結在一起，更加顯示出佛教豐富的內涵，融和歡喜的性格。

值得一提的是，世佛會的幹部，大多由南傳佛教國家的男衆擔任，歷年來都是女性禁足之地，這次大會主動提名並一致通過，由慈惠法師當選爲世佛會副會長，這不僅是創舉，更意謂著佛教的平等性、前瞻性和未來性。

近年來，我每年都應邀到香港紅磡體育館主持「此岸彼岸」弘法大會，也因此與香港信衆結下殊勝的法緣，紅館更被譽爲「香江的一朵淨蓮」。所有的榮耀，除了歸功三寶加被外，尤其感謝永惺法師勞苦奔波，成就這些善因好緣。去年，我以「身與心」、「空與有」、「教與用」爲題進行講演，希望爲香港民衆提供一些生活的智慧與良方。

國際佛光會「中華總會」假臺北「中山紀念館」舉行的三天「佛經講座」，我講説《法華經大義》，另外，於高雄文化中心講《妙法蓮華經》、於美國西來寺宣講《維摩詰經》。其他在全省各地，及法國、英國、巴西等地，也都歡喜隨緣説法。

初夏，應慧雄、宏慧、宗如法師等人的邀請，到印尼、馬來西亞講演。三場的講題分別是「禪師的修行」、「心靈的淨化」及「二十一世紀的展望」。在印尼，這是佛教首次獲准在寺院以外的公共場所弘法。馬來西亞各大華文報紙則大篇幅報導此次我在檳城東姑禮堂，以及吉隆坡體育館佛學講座的盛況。他們説，我把佛教的生活力表現出來，帶動大馬佛教，我卻認爲是馬來西亞民衆對信仰的熱忱，而豐富了佛教、提升了佛教。

國際佛光會「中華總會」與「教育部」、「農委會」、「環保署」聯合舉辦「種兩百萬棵樹救大高雄水源及廢紙回收」活動，希望促進大家從外在環保的認識，做到內在的環保。另外，與「中華文化復興運動總會」聯合主辦的「把心找回來」系列活動，於七月中旬登場。活動主要以講座、徵文、拍攝公益宣導短片等方式，喚起社會大衆正視生命及羣我關係，從愛出發，從心開始。

學術上，我們舉辦「佛教青年學術會議」、「國際禪學會議」、「國際學術會議」；文化上，由文教基金會主辦的「佛光山文學創作獎」徵文活動，讓更多人瞭解佛學有哲學的內容，也有文學的優美，進而將佛法內化於生命，展現於生活。

我也爲臺視録製「星雲禪話」和「每日一偈」等節目。分別與從事文教節目的廣播人，各大報社、雜誌、電臺記者進行座談，期望透過電視媒體，將佛法普及世間，深入人心。勾峰導演的電視劇《再世情緣》，是以我的著作《玉琳國師》改編而成，此劇播出隨即得到熱烈回響。希望這齣寓教於樂的戲劇，能夠達到「匡正社會風氣，增加人間道德勇氣」的作用。此外，希代出版社將我的「講演集」重新再版，推出《夢琉璃系列》，圓神出版社也出版了我的開示語録。只要能將佛法弘揚出去，我也歡喜這些文字能廣爲流通。

去年，佛光山梵唄讚頌團進入了「國家殿堂」。「一九九二年臺北藝術季——梵音海潮音佛教音樂會」，特邀佛光山僧衆至國家音樂廳演出。我們演出的收入，悉數捐給陽光社會福利基金會，作爲顏面傷殘者的醫療基金；八月，由佛光山及財團法人淨化社會文教基金會聯合主辦的「中韓佛教歌曲交流響宴」，亦將佛教音樂搬上舞臺。「梵唄」原來是用於讚美佛陀，後來應用在傳教和弘法上，並成爲修持課誦。如今配合時代，賦予新的詮釋，呈現給世人，相信更能深入社會每一個階層，達到梵唄淨化身心的功能。

在文教、慈善各方面更是備受肯定：佛光山經縣府核定榮獲績優宗教團體、佛光會「中華總會」榮獲「教育部」八十一年度「社會教育有功團體獎」、佛光山義診隊榮獲高雄縣政府頒發的「特別服務獎牌」、佛光山文教基金會榮獲和風獎之「傑出社會風氣改善獎」等。多年來，佛光山致力於文化、教育、慈善的推展工作，不曾間斷，欣見各界對佛光山及佛光會的肯定與讚賞，雖然只是一張獎狀，對我們來説卻有著莫大的

鼓勵作用。

九月，至美洲弘法時，美國德州奧斯汀市長感念西來寺在當地的文化建設，特別頒贈我「榮譽公民暨親善大使」證書，並邀請我到美國德州大學禮堂演講；休士頓市長亦致贈「榮譽公民暨親善大使」證書。對我來說，得獎是其次，最重要的是我能爲社會大衆盡一份綿薄之力。

一直推動「人間佛教」不餘遺力的孫張清揚女士，於七月捨報往生。孫女士與我因緣深厚，初來臺時，許多外省籍法師因訛傳而身陷囹圄，幸經孫女士等人辛苦奔走營救，纔得以洗寃出獄。她一生爲佛教奉獻心力，與李子寬居士出資買回善導寺，編印佛教經典流通，更變賣首飾請購日本《大正大藏經》。種種護法衛僧及對宗教熱忱的德範懿行，堪爲現代在家居士之典範、楷模，正如我爲她寫的輓聯所言，「八十年歲月心中有佛，千萬人入道爾乃因緣」。

數年來，爲弘揚佛法，予衆生安樂，無停歇地行脚於各地，徒衆們亦隨我四方開拓。然而弘教度衆的事業是何等艱辛不易，令我不時掛念他們在待人處事、行道修持各方面的學習狀況。幾經思考，決定設立「佛光山傳燈函授學院」，每月定期以書面教學，指導他們道業、學業、事業的進修，更藉此作爲師徒間接心論道的橋樑。希望每個徒衆都能秉持「活到老，學到老」的原則，自我學習、健全僧格、自利利他，將來皆能成爲佛門龍象，主持一方。

爲了培育各方人才，經心平、慈莊等人一年多來四處覓地、查勘、討論後，決定於礁溪林美山創建一所綜合性大學——佛光大學，期能爲社會培養人才，更期盼將來各國家和地區人才都能到佛光大學學習東方文化。

曾有人說：「舊年除歲是過去的終結，新年新春是未來的開始。」然而，我不知何謂「終結」？何謂「開始」？自出家以來，對僧伽教育、弘法事業、福利社會、共修度衆，始終抱持無限的希望與信心；每個當下都是希望，都有未來。新春將至，願將此心奉獻給大家，在新的一年裏，生活無處不春風！耑此　順頌

共生歡喜

平安吉祥

星雲　合十

一九九三年元月一日

一九九四年新春告白

各位護法、朋友們：大家好！

晨光熹微，空氣特別清新宜人，一絲燦爛的曙光透出，大地明亮起來，充滿勃勃生氣的新年也來臨了！回想去年一九九三年，有著許多令人歡欣喜悅之事，藉此向大家報告，並表達摯誠的感謝。

佛光山開創以來，「以教育培養人才」一直是我們努力的方向，唯限於客觀條件不足，一直無法籌辦大學。如今「教育部」規定開放，數十年來的心願終於實現。去年三月，設校於宜蘭縣礁溪鄉的佛光大學，由心平和尚和慈惠法師代表，與礁溪鄉公所簽訂設校協議書，也在十月舉行安基典禮了，真可謂「蘭陽社會稱盛事，佛光大學照萬秋」。

為了籌募龐大的建校基金，我甚至把近二三十年來，一些名家送我的字畫、古董、紀念品、佛教文物等捐出，舉辦數場義賣會，吸引許多社會賢達仁者、鑑定專家及有志一同的教授學者共襄盛舉。所謂「積沙成塔，集腋成裘」，這是一所集合全球佛光人點滴善念而成的大學。而就著校地原有的景觀，我更希望把它建設成一所「森林大學」，以大自然的山光水色來陶冶學生的心性，相信在一個充滿寧靜祥和的環境中學習、成長，他們必能身心健全的發展。

典禮當日，我以一偈法語祝福：「青山綠水稱吉地，興建大學傳盛事；春風化雨蘭陽好，國際佛光照寰宇。」法會進行中，三公尺高的觀音菩薩像的地下，突然冒出泉水來；僅僅數坪大的圓形奠基場地中，竟也下起毛毛雨，方圓外則是晴空萬里，與會者無不嘖嘖稱奇，認為是「地湧聖泉，天降甘霖」。

一月，我率領慈莊、慈惠法師等人，返鄉探視母親。並應中國佛教會趙樸初長者之邀，在南京會見明暘長老、茗山長老等教界人士。回想在飛機上，從高空中俯瞰地面，河山廣闊，阡陌縱橫，這塊世界最大最古老的土地上，就是我的故鄉——大陸。同為華夏民族，不管本土化、國際化，不論統一與否，和平安樂纔是兩岸民眾所企盼的吧！而身為佛子的我，也只能對大陸寺院，在文化、教育上，勉力給予一些微薄助緣，祈望佛日光輝能早日在大陸重現。

去年七月，我的雙足踏上了俄羅斯。記得沙皇時代的女王葉卡捷琳娜二世曾經宣佈可以弘揚佛教，還引起學者們的重視。事隔兩百多年，到今天，俄羅斯纔真正蒙佛光照臨，當在座每個人合掌唱頌「三寶頌」時，我不禁深深為大家的虔誠恭敬感動，相信俄國佛光會的成立，將會為當地佛教的發展帶來希望。

十月，來自世界五大洲七十餘個國家和地區三萬名會員，齊聚在林口中正體育館，舉行「國際佛光會第二屆世界會員代表大會」開幕典禮，以及「祈求世界和平萬人獻燈法會」。有李登輝先生、「監察院長」陳履安、「內政部長」吳伯雄、「司法院長」林洋港，和「陸委會主委」黃昆輝、鍾榮吉主任等貴賓與會。

當天，我除了以大會主題「同體與共生」發表演說，也同時發起「净化人心七誡運動」，推行戒煙毒、戒暴力、戒貪汙、戒酗酒、戒色情、戒賭博、戒惡口等系列活動。大會圓滿結束前，並為西班牙駐臺商務辦事處主任路培基、「立委」蔡勝邦、五位中非剛果代表團學者主持皈依儀式。

在大家的努力下，現在真的是有太陽的地方就有佛光會。佛光人不斷地將「人間佛教」的種子撒向社會，利益大眾，像舉辦「關懷兒童青少年」系列活動、與「教育部」合辦「生命之旅」活動營、於南非舉辦「佛光青少年快樂營」、第一屆世界華人傑出青少年選拔、假臺灣大學體育館舉行第一屆佛光人運動大會等等。

還有，今日佛教發展至世界各地，有顯密之分、南北傳之別，為了促進彼此的交流，提升佛教的國際發展，佛光山不斷舉行國際會議。像去年由國際佛光會主辦的第一屆「國際佛教僧伽研習會」，就有五大

洲十六國，四十多位比丘，研討佛教趨勢之現況及未來，席間我講說「國際佛教的問題」和「人間佛教的藍圖」。

除此，我們也與友教聯誼往來，如二月時，梵蒂岡駐華代辦尤雅士來山訪問；六月，梵蒂岡教廷宗教協會主席安霖澤樞機主教來山，邀請我前往羅馬教廷拜訪。此外，埔里靈巖山寺妙蓮長老蒞山訪問，並加入國際佛光會。禮尚往來，我也應邀前往參加其觀音殿落成及佛像開光典禮。印度菩提迦耶大菩提寺住持那傑格尊者、日本京都佛教大學高橋弘次校長、通訊教育部長中村永司等來山拜訪；「民政司」會同「民政廳」率全省十九個宗教團體前來參訪；「社工會」主任鍾榮吉也率領十二位宗教領袖訪問佛光山。相信，這種種的互動、交換意見，必定能爲宗教帶來美好的發展。

在文教上，一月，佛光山文教基金會在本山展覽館舉辦「李自健油畫暨龔一舫匏藝新春特展」，五月舉辦「佛誕特展」，接著又協助西來大學主辦「跨越邊界的佛教——中國佛教之源」學術活動。八月，「世界佛學會考」在全球五大洲各都會，設了六十五個考場，同時同步舉行。爲配合各國家和地區人士應考之需，除了中文，更有英文、日文、法文、葡萄牙文，全球計有十萬多人參加。並爲有文字障礙者設聽寫教室，行動不便者設無障礙教室。也在屏東、高雄看守所，宜蘭、臺南、臺東、綠島監獄，及香港兩所監獄闢設特殊考場。

佛教不是靠迷信膜拜或盲目奉獻所建立的信仰，而是經由聞思修慧，覺悟出生命的真理。讓佛教從山林到社會，由理論至實踐，從煩惱到清淨，由生死至生活，即是我們舉行佛學會考的主要目的。

去年，佛光山舉辦了教界首見的「佛光親屬會」，邀請本山僧衆的俗親來山相聚，由我親自招待這些「佛門親家」。十月，爲了讓新出家者學習更多佛門儀規，舉辦爲期一百零八天的「佛光山萬佛三壇戒會」。希望戒會圓滿結束後，各個都能安住身心、道業增長，他日成爲佛門龍象，續佛慧命，弘法利生。

要落實「人間佛教」，就要將佛法與生活結合，喜見社會上工廠動土、開工、開光、婚喪喜慶等，都以佛教儀式行之。像三月時，高雄師範大學燕巢鄉校區動土，我應邀前往主持；桃園縣縣長劉邦友先生邀我爲第一座巨蛋體育館剪綵及主持灑净儀式，我也歡喜前往，並爲大家講「佛教的財富觀」。此外，我第五次前往金門勞軍弘法，到「三軍官校」、成功嶺大專集訓營講演，乃至應臺北監獄孔璧五先生之邀，爲四千位受刑人開示，大家也歡喜索取平安符，希望爲自己帶來平安。「教育廳」更指示教育單位儘量將活動安排在佛光山，好藉由宗教來薰習學子們的心性。

八月，「監察院長」陳履安先生等六兄弟姊妹，爲圓滿其父親陳誠先生的遺願：「誠死火化，以不占地爲原則」，而進行遷葬，連同其母親譚祥女士之遺體一起火化後，將墓園歸還當局，骨灰奉安佛光山，成爲首位安厝於佛寺内的首長。

承蒙社會各界的邀約，除了每年固定在臺北「中山紀念館」、高雄中正文化中心、香港紅磡體育館舉行的開大座講經外，我也應「外交部」的邀請，前往「外交部」禮堂講演；到臺北市立美術館講說「每一個人都是人生的藝術家」，爲「中央日報」和趙廷箴文教基金會舉辦的講座講「心甘情願」，於高雄市立圖書館中興堂講「佛教與文化發展」，至臺南市文化中心講「心靈的净化·生活的提升」。也在花蓮女中講「人生智慧」，爲中正大學、中州工專講「禪與生活」；到新竹科學園區開示「佛教的真理」等。

另外，主持基隆市、臺南市、彰化縣政府協辦的「禪净密三修萬人獻燈法會」，期能點亮每個人的心燈，迴向家庭和諧、社會安和樂利、世界和平。我也應邀到澳洲雪梨市政大會廳、邦德大學、紐西蘭基督城，主持多場的皈依典禮、各地區佛光協會的成立大會。

海内外也有道場的動土或落成啓用典禮，如右昌寶華寺、臺東日光寺、日本東京別院，及永康、北港、頭

份、小港等禪淨中心。每一個道場的成立，都爲社會大衆又提供一處身心安頓的淨土。

尤其坐落在森林綠蔭裏的澳洲布里斯本「中天寺」，它不僅是「中國人的天堂」，更是澳洲尊重多元文化的展現。承蒙洛根市市長羅德葛立志（Rod Golledg）的大力支持，落成時蒞臨的貴賓包括：昆士蘭省議員彼得·比克（Peter Pyke）、布里斯本市議員鮑勃·渥得（Bob Ward）、格朗·麥當格（Graeme Mcdougall）、洛根市市議員利生·都生（Les Dawson）、多元文化婦女協會主席黛比·佩朗尼克（Debbie Planincic）等人，及澳籍人士暨華僑信衆近千人。

辛苦耕耘，必有收穫與肯定。佛光山幾乎年年有「獎」，如本山獲「教育廳」頒八十二年教忠、教孝團體績優獎「弘揚忠孝」匾額；「中華總會」更獲「內政部」頒「績優社會團體獎」和「教育部」頒「社會教化有功團體獎」，大慈育幼院得到「內政部」頒「優等獎」及「分項特別獎」；慧龍法師則榮膺八十二年度好人好事代表。這種種喜事、榮譽，都是海內外佛光人努力所致，所以，一切都是「光榮歸於佛陀，成就歸於大衆，利益歸於常住，功德歸於檀那」！

去年海外弘法包括了日本東京、美國紐約、加拿大多倫多、溫哥華、法國、瑞士、德國柏林、英國倫敦、澳洲、紐西蘭等等。在倥傯奔走中，我從北半球到南半球，從熱帶到寒帶，幾乎繞了地球一週。

許多人說我是「空中飛人」，卻不知道我在多少個清晨醒來時，常是分不清楚置身何處？是冬天？是夏天？雖然如此，看到信衆渴盼佛法的眼神，流露聞法歡喜的笑容，我都感動地自我勉勵，繼續當個「地球人」！

時光飛逝，任何人都無法留住青春歲月，唯有真理「亘古今而不變，歷萬劫而常新」，希望大家以道爲心，建立幸福的人生。祝福大家

自在吉祥

星雲 合十

一九九四年元月一日

一九九五年新春告白

各位護法、朋友們：大家新春吉祥！

「忽如一夜春風來，千樹萬樹梨花開」，一年之始，一切事物像是春天乍到般，展現豐富的生命力。

去年，元旦初一一早，在梵音與鐘鼓聲中，遠從各地前來朝山的信徒齊聚一堂，由不二門朝往大雄寶殿，一片海會雲來集的殊勝。次日舉行甘露灌頂皈依三寶典禮，接著，三壇大戒的戒子們展開為期十天的行脚托鉢興學活動。在嶄新一年的開始，我們以莊嚴懇切的宗教情懷和行動，為世界祈福，並且感恩過去，創造未來。

佛光大學自建校以來，承蒙大家的關愛與付出，為籌募建校基金竭盡心力，或以托鉢興學，或以義賣，或以老歌義唱，或啓建梁皇法會等方式籌募。元月開始，於力霸、遠東、三商、明曜等百貨公司舉行義賣活動，接著有陳學明先生提供個人文物珍品的「佛光緣森磊觀佛教藝術展」，於臺北舉辦的「老歌義唱」、臺南舉辦的「我們的愛——名曲義唱會」等等募款活動，以及「佛光緣——當代名家藝術精品」義賣會。

由於籌募義賣活動的機緣，我接觸到許多名人專家，也欣賞到不少珍貴的書畫藝術品，明白藝術具有陶冶人性、清心靜氣的影響力。佛教與藝文，也由於這些因緣而有了幾場美麗的相遇，美妙的結合。

除此，教育家王雲五先生之子王學哲教授，也將「王雲五圖書館」內八萬多册的圖書全部捐給佛光大學。「佛光緣贈書運動——送書給佛光大學圖書館」活動，更深獲出版界人士的支持與響應。可以説佛光大學是匯聚十方大衆的願心而成就的，這其中有許多不計名利、全力參與的義工、朋友們，為佛光大學的籌建獻上愛心，將來佛光大學必定會以佛陀的智慧與慈悲來回饋社會大衆。

懸宕已久的七號公園「觀音不要走」事件，在一陣波瀾重重的風雨中，終於圓滿落幕了！佛教講求「和平」「忍耐」和「慈悲」，但是和平並不代表懦弱，忍耐也並非沒有力量，慈悲更非濫慈悲，我們不可誤解和平、忍耐、慈悲的真義，這是在這次事件當中，身為佛教徒應當重新建立的觀念與作為。有所言，有所不言；有慈悲容忍的胸懷，也要有金剛威猛的力量。

當我與周聯華牧師、陳健治「議長」等人一同到市長官邸商議，達成共識後，我立即拿著簽訂的協議書至七號公園，向現場數百餘名静坐羣衆宣佈此一佳音。子夜時分，冷風襲人，但現場卻充滿著歡聲雷動的熱力，一時車水馬龍，有的人淚雨涓涓，有的人雙手合十口念佛號，無限喜悦。

今天，我們讓世人知道這個時代有佛教、有出家人。且看昭慧法師與林正傑「立委」等人挺身護教的精神，明光法師的始終堅持，佛光會會員發動三百多部遊覽車到七號公園繞佛護觀音，那股充分發揮組織動員及團結的力量，實在讓人震撼！

相信我們留下的不只是宗教神聖與精神象徵，還有藝術、文化的心血和精華；寫下的不只是宗教和諧與包容、融和與歡喜的精神典範，還代表著佛教界一股為教的使命和願力。

去年的「國際佛光會第三次世界會員代表大會」中，我仍提出「同體與共生」的理念，意在把人與人、人與地球，及大自然息息相關的和諧、共尊的觀念，更加傳揚至全世界，希盼不分國家、不分種族、不分男女、不分貧富，共同創造一個「同體與共生」的圓滿世界。

二月，佛光山與泰國法身寺締結兄弟寺。當我與法身寺住持蘇達瑪雅那上座（Phra Sudha A-Amayan）共同簽署同盟書那一刻，南北傳佛教的交流也開啓了新的一頁。泰國之行，處處都令我感動不已：曼谷的信徒，就像那裏的天候般熱情，泰國民衆的佛心就像燈海中的光亮，讓人嘆為觀止。三小時的結盟典禮中，十萬餘人聚集的現場，無一人起來、走動、講話，那種肅穆而莊嚴的心境和儀態，不但展現出他們平時養成的素質，更為整

個典禮增添一份清淨的美感。

為讓社會上忙於工作的女性，有一短期參修遊學的機會，我們成立「勝鬘書院」。也在九月和叢林學院各級學部，一齊舉辦第一屆的開學典禮。

去年非洲佛學院成立，有十位剛果人剃度出家。教育是培養弘法人才的方法，推動佛法本土化更是我的心願；唯有培養當地的出家人，纔可望讓佛法在斯土廣為流傳。如今，佛教的法脈終於在非洲有了傳承，在歷史的軌跡中，「黑人出家」寫下了史無前例的璀璨篇章。南非地域遼闊，有著勤勞、純樸、包容的民族性，無論是佛學講座，還是皈依典禮，參與的有半數以上是當地人，親覩此景此情，我不禁感動的提筆寫下「法傳非洲」，相信佛教的發展，其遠景必定是無限寬廣的。

眼見頹風彌漫，毒品、暴力、酗酒、煙害等問題為禍日益，所謂「欲亡人者，先喪其志；欲滅人國，先靡其風」，這損國損民的社會病態令人憂心，所以，繼前年發起的「淨化人心七誡運動」，去年更舉辦「淨化人心七誡活動宣誓大會」。我寫了「七誡宣言」、「七誡宣誓文」、「七誡歌」，跟著展開七誡籃球義賽、佛光兒童夏令營、佛光青少年明心之旅、教職人員淨心齋戒會等一系列活動。

藉由活動的影響力，以及傳播媒體的宣導、學者專家講座輔導、宗教人士的修持引導等方法，匯聚大眾的力量，帶動社會建立健康、正當的娛樂生活與價值觀念。希望由每個人自身開始，人人自誡自律，並影響他人、社會、國家，共同創造佛光淨土。

「花藝」亦是淨化人心的一項文化藝術，能夠美化環境，提升生活的品質。去年文教基金會與「中華花藝基金會」聯合舉辦「佛教插花藝術展」，不僅發揚中國傳統插花藝術，更將佛教與花藝結合，且提升至學術研習的層面。

這一年，不但歐洲、南非、泰國、美國、日本、斯里蘭卡、印度、孟加拉、尼泊爾等地相繼成立佛光會，也有多所道場落成啓用，如由依恒、依寬法師負責，歷時八年重建的基隆極樂寺，終於竣工開光，嘉義圓福寺也在四月重建落成。

佛光山臺北道場在農曆新春正式啓用，感謝陳履安、許水德、吳伯雄等諸位先生，前來共同剪綵開光。為了轉動法輪，我們舉辦四十九日的「生命活水系列講座」，邀請羅光主教、丁松筠神父、柴松林教授、柏楊先生、梁丹豐女士等社會各界知名人士，就自己對佛法的體悟及心路歷程和大眾分享。

此外南非約堡講堂、加拿大溫哥華講堂、臺南新營講堂、馬尼拉佛光講堂，都舉行佛像安座典禮；巴西如來寺首度舉辦八關齋戒，有五十多位本地人參加，成為南美佛教史的創舉。這些，都將使佛教的文化、教育、社會服務等功能，發揮得更廣、更深、更走入人間。

新開辦的「素齋談禪」，則是一種蘊含文化、藝術氣息的聚會。不論新聞界、企業界、藝文、歌壇各界，只要有緣，大家可以在溫馨、自在的氣氛下彼此交流，吃得歡喜，談得盡興。創新、創意能推動時代進步，佛教也是如此的，要能隨時代的需要做相對的調整，並且契合人心，纔能達到弘法度眾的目的。

動盪的年代，更需要多一份修持、關懷與付出。為了關懷受刑人，佛光出版社和天下文化出版公司舉辦「開啓心窗」贈書活動，由「法務部長」馬英九先生，代表所屬十九所監獄接受。嚴寬祜文教基金會、佛光山文教基金會也率先響應，捐贈《星雲日記》一百套及《心甘情願》一百本給受刑人。國際佛光會阿蓮分會、本山麻竹園分會也聯合南區各分會，贈送佛光出版社所有的圖書各一套給高雄監獄。與臺北監獄合辦的「臺北監獄短期出家修道會」，也是史上首見。相信透過信仰的力量，用佛法打開每個人的心門，當能喚起人世間真善美的一面，讓心靈開出美麗的蓮花。

另外，我將個人稿費與版稅所得三百萬元，分別捐贈給陽光基金會、善牧修女會、耶穌徒晨曦會、臺北市婦女救援基金會、愛滋病防治協會、心路文教基金會等六個社會團體，徵募心意，盼能拋磚引玉，讓更多人為眾生謀福利。

四月，名古屋發生空難，東京別院法師和信徒即刻趕到現場協助處理善後，並為罹難者舉行超度法會；高雄縣「八一二」水災時，我正在歐洲弘法，聞之內心非常焦急，只有透過傳真呼籲佛光會員及信徒，配合佛光山展開賑災行動，有錢出錢，有力出力。本山除了捐助一千萬元之外，也動員數百人，每日製作上千個便當、數萬個飯糰、素粽等，送往災區。

在講說弘法上，去年在臺北「中山紀念館」佛經講座的題目是「阿含經選講」，在香港紅磡體育館，我講說「維摩經大義」。此外，於臺視開闢一個新節目「星雲說喻」，我透過輕鬆幽默的佛教小故事，來讓大家領納佛法妙味。也於澳洲、南非，及香港、花蓮、臺北、美濃等地舉行佛學講座，並為成功嶺受訓者、大學生、青年、婦女、教職員、警員等社會各階層人士宣講佛法。針對不同的對象，因應每個人的需要，我儘量訂定不同的主題及內容，好讓大家都能圓滿歡喜，有所獲益。

為讓人間更溫暖、更美好，我們在用心，處處關心，用法水滋潤無際無邊的旱地，使其清涼安樂。感謝大家年年的護持，日日的奉獻，心中的感激，難以言盡，唯有祈求諸佛加持，龍天庇佑，祝福大家日日都圓滿、吉祥、平安。　此頌

禪悅法喜

自在安詳

星雲　合十

一九九五年元月一日

一九九六年新春告白

各位護法、朋友們：大家好！

嶄新的一年隨著時節輪轉，在這春臨人間、風日清和時分，祈願信施檀那皆幸福，世界大衆得和平。

四季來去，花落又開，人的色身，也不得不隨著時序的流轉而有生老病死。去年四月，心平和尚圓寂了。心平隨我到宜蘭、三重文化服務處、壽山寺，再到佛光山開山，一路跟隨，不曾動過離開的念頭；他確實是出家人最佳的典範！如我爲他寫下的偈語：「四十年師徒之道全始全終，十餘載住持任内一心一德。」還望大家把對心平和尚的想念，化爲學習他的精神，像他一般對佛教盡心盡力。接著，佛光山依宗委會章程，選出了心定法師爲繼任住持，我也期盼大家多多給予護持。

之後，我因心臟冠狀動脈阻塞，在臺北榮民總醫院接受「開心」手術，由張燕醫師主刀。出家人本應具備「色身交予常住，生命付予龍天」的觀念，承蒙榮總各醫護人員的用心照護，此次「開心」，我即抱著「色身交予醫院，生命付予醫師」的心情。内心無我，一切聽憑醫師安排，只覺坦然無罣礙。

在復原期間，得到主治醫師的允許，我還前往「國家劇院」，欣賞叢林學院二百位學生爲籌募佛光大學建校基金演出的「禮讚十方佛——梵音樂舞」。乃至出院後，回到本山，就假甫落成啓用的如來殿，向大家説明手術治療經過。對於各界長官、信徒，種種的情誼愛護，盛情厚意，實在愧不敢當。因此，也在臺北陽明山中山樓，舉行一場懇談會，向關心我的大衆、會員、功德主表示感謝之意。

儘管身體老病，但一生秉持「忙就是營養」的理念，仍積極在世界各地弘法講演。除了應「内政部」之邀，在臺北國際會議廳舉辦「浄化人心」系列講座外，也陸續在各地舉辦佛經講座，主持國際會議等。如：四月在

天主教國家菲律賓馬尼拉的國家會議廳，舉行佛學講座和皈依典禮，也主持「國際佛光會第一屆第六次理事會」，同時爲馬尼拉佛光協會及十五個分會的成立授證，其中第一個兒童分會成立，最是令人欣慰。所謂「四小不可輕」，期盼這些菩提幼苗都能健康成長。國際佛光會在大家發心奉獻下，已日益茁壯，但願這棵大樹能夠枝繁葉茂，庇蔭世間有情。

《佛光大藏經——禪藏》五十一册，歷經十年的編修，終於問世了。《禪藏》是繼《阿含藏》佛光大藏經編修委員會再度推出的巨作，内容搜集中國歷代及日本、韓國等禪學典籍，及禪門事跡、思想、語録，並加以標點、分段、注解。我認爲「人間自古幸福事，夜半挑燈讀禪經」，禪可以發掘我們内心的本性。由此，去年三月由佛光山文教基金會主辦，委請「教育部長」郭爲藩先生轉贈一百四十七套《禪藏》予臺灣各大專院校圖書館，及全臺四十六家公私立圖書館及文化中心。臺内各大專院校佛學社團前來拜訪，我也歡喜贈送。

在臺北道場舉行贈送《禪藏》給傳播界的贈書儀式，包括臺視、「中視」、「華視」等三家電臺及《聯合報》、「中央日報」、《臺灣日報》、「中華日報」等十一家媒體；十月，於澳洲舉行的「尊重與包容」音樂會上，贈予昆士蘭大學、格里菲斯大學、邦德大學；韓國東國大學禪學科教授、正覺院院長鏡日法師來山參訪時，我亦與之結緣。希望藉此帶領大家一窺禪境，豐富生命的内涵。

由天下文化發行，符芝瑛小姐撰寫的《傳燈》，於去年元月出版。書中記載我把「人間佛教」推動到五大洲的狀況，也敘述佛光山的弘法歷史等。雖然我不願別人爲我忙碌，寫書立傳，但若能把這些心路歷程、人生經驗，奉獻大衆，我亦歡喜「傳燈」無限。

三月，佛教界第一座專業美術館「佛光緣美術館」開幕，同時舉辦了「傳燈慈善義賣活動」。我把《傳燈》典藏本義賣所得一百五十萬元，捐贈給花東地區十二所學校，作爲學校圖書專款；嚴寬祜文教基金會也認購

七百三十五冊，贈予全臺各大專院校圖書館，以充實藏書。

九月，佛光出版社出版《百喻經圖畫書》，這套書是以《百喻經》爲題材，改寫編繪成的佛教兒童文學，是全臺第一套佛教寓言圖畫書。「星雲百語」繼《心甘情願》、《皆大歡喜》後，又推出第三集《老二哲學》；西來大學出版社也將《皆大歡喜》譯成英文出版。爲了讓檀講師、檀教師、徒衆們有弘講的教材，我在心中醞釀五十年，自費出版的《佛教叢書》終於付梓成書。這十大巨冊，我不敢説它有多麼齊備，但自忖閲讀這套叢書之後，對佛教應有一個較完整、全面的認識。

《利器之輪——修心法要》與《三十三天天外天》，分别榮獲「行政院新聞局」「第一次優良中譯圖書推介活動」、「第十三次優良中小學課外讀物推介評選活動」入選圖書；九月在荷蘭舉行的「國際期刊聯盟」世界大會上，《普門》雜誌的參與，成爲佛教期刊的首度展出者。

歷史的長河，綿遠亦丰采，一回身，光復後至今，臺灣佛教已走了五十個年頭！去年五月，舉辦「走過臺灣佛教五十年」系列活動，諸如：文學獎、攝影獎、歷史文物展、臺灣古寺巡禮等，也出版永芸主編的《走過臺灣佛教五十年》一書。爲期三個月的活動，提升了佛教歷史文化的價值，獲得很大的回響。

創辦教育是我一生堅持的理念，蒙受十方大衆護持，使得佛光山的教育事業得以在穩定中發展。去年，美國西來大學取得1-20，獲准正式頒發佛學學士及宗教碩士學位。而佛光大學也正式蒙教育部核准通過建校。感謝大家對籌建佛光大學的支持，或舉辦佛光緣當代名家精品義賣、佛教音樂會，或舉行園遊會、路跑活動等，以行動來支持辦學。還有，像宜蘭縣佛教會、國際佛光會蘭陽地區各分會，爲了籌募佛光、玄奘、華梵三所大學的建校基金而舉行「捐資興學」園遊會，不僅表現出對教育的熱忱，更顯現佛教界融和的景象。

去年日本阪神大地震、菲律賓水災、美國大峽谷空難、高雄旗津區火災，以及臺中威爾康西餐廳大火……種種天災人禍，如洪流撲向世界，造成許多創痛與悲劇，教人無任欷歔！除了祈求佛陀加被世間少災少難，我們更要有一些積極的作爲。感謝全球佛光人及諸位善心人士熱心濟助，國際佛光會、佛光山慈悲基金會，乃至當地别分院，都及時發揮「無緣大慈，同體大悲」的精神，大家不分晝夜地進行救援工作，也齊心協助受難家屬處理善後，舉行超薦法會等。

由「内政部」會同高雄縣政府，委托佛光山慈悲基金會經營管理的「松鶴樓」，是全臺第一座老人公寓，也於六月正式落成啓用。在「法務部長」馬英九先生的協助下，臺内首座公立「臺南監獄明德戒治分監」啓用，並請佛光山法師進駐輔導，成爲首座佛教教育戒毒班。

在「國際佛光會中華總會第二屆第二次會員大會暨祈求世界和平萬人獻燈祈福法會」上，三萬人聚集桃園巨蛋體育館，共同祈求世界和平，人民安和利樂。會中，我提出「以世界觀弘揚佛法，以人間性落實生活，以慈悲心普利羣生，以正覺智辨别邪正」四點，期勉大衆能擁有正確且現代性的觀念。此外，「中華總會」與「救國團」合辦心靈環保運動「把心找回來系列二——時時樂清貧，處處簡樸心」等等，這些都是希望能爲社會盡一些淨化人心的責任。

國際交流上，去年八月，倫敦佛光山和倫敦協會舉辦了英國有史以來第一次的「齋僧大會」，英國佛教僧伽大衆，包括來自緬甸、泰國、錫蘭、越南、日本的法師蒞臨，讓我們感受到和諧交流的美好。

十月，被譽爲南半球第一大寺的澳洲南天寺，獲得一九九五年度最佳建築設計獎，也舉行開光典禮。澳洲總理 Paui Keating、總督 Bill Nayden 等官員均致電賀詞；出席貴賓有：聯邦移民部長 Nick Bolkus、卧龍崗市長 David Campbell、夏巴市長 Cr. C. Glenholmes、凱馬市長 Cr. J. Wheatley、前聯邦總理 Gough Whitlam、紐省省長 Bob Carr 等，

來自四面八方的人潮，見證了民族的融和。

同時，國際佛光會假雪梨達令港國際會議中心召開第四次「世界會員代表大會」，我以「尊重與包容」爲大會主題，呼籲大衆學習與實踐尊重包容。此外，「國際僧伽會議」上，有十九個國家和地區的僧伽學者同聚南天寺，共議「在當今時代如何推展佛教」及「不同傳統佛教相互交流的重要性」。欣喜的是每次的會議，對促使佛教登上國際舞臺、彼此融和溝通上，都能産生推動的效用。

我這一生得奬無數，都覺得那是大家的護持所致。但對於印度全國少數民族委員會委員達摩維李奥法師，聯合全印度佛教大會所有會員推薦而獲得的「佛寶奬」，最感到欣慰。因爲這代表佛教的祖國——印度，對一名中國比丘在「佛法」實踐上的認同，也代表佛光山在國際上已受到肯定。

宗教交流與對話是時代必然的趨勢，藉著交流增進彼此的友誼，共創社會及人類的發展。去年七月，召開首届「天主教與佛教國際交談會議」，由心定和尚與安霖澤樞機主教共同主持開幕典禮。這項會議由梵蒂岡教廷宗教協談委員會籌辦，佛光山主辦，有來自日本、斯里蘭卡、泰國、美國和義大利等，天主教和佛教代表、專家學者參加。經過五天的論文發表及討論，雙方對彼此的教義有更深刻的瞭解，也對宗教的價值與功能達成共識。

學習是一生的，因此我們定期舉辦各項講習會，諸如義工講習會、檀講師講習會、佛光會員幹部講習會、住持主管講習會、西方佛教教師研習會、國際僧伽講習會，希望藉由這些講習會，增加佛光人的弘法資糧。

最後要跟大家報告，今年是佛光山開山三十週年，我們將舉行一系列慶祝活動。三十年歲月倏忽，但弘法事業是綿延無盡的，縱使長遠，儘管不易，仍應堅守弘法者的使命，以佛法滋潤每一寸土地，温潤每一個心靈，願與大衆共勉之。耑此　順頌

福慧增長

自在安詳

星雲　合十

一九九六年元月

一九九七年新春告白

各位護法、朋友們：大家好！

在春暖花開，大地回春之時，我們迎接佛光紀元三十年的到來。現今，佛光山已走向制度化、國際化、現代化，樹立了「人間佛教」的宗風，架構好「人間佛教」的藍圖。

回顧一九九六年中，「賀伯」颱風席捲全臺，造成重大的傷害。感謝正在巴黎參加佛光會世界大會的會員們共襄義舉，集臺幣一千一百萬元，適時地表達對受災民衆的關心。而「宋七力」事件，引起一連串怪力亂神的現象，使得社會大衆掃邪聲浪蜂擁而起。信仰的目的是發揮自己的慈悲、道德，從淨化心靈中產生智慧；有了正知正見，纔能不被人惑，纔能作自己生命的主宰。

「中臺山」事件，也讓社會大衆紛紛探討「出家」的真義。適時佛光山有一百四十二名青年請求剃度，我藉此向大衆說明「出家，要皆大歡喜」。佛光山提倡「人間佛教」，我認爲子女出家並不是出國，只是和一般人有不同想法，換了更寬廣平坦的跑道。

二月，《臺灣時報》刊載不實的報導詆毁佛光山，引起廣大信衆憤慨，全臺信徒出於護寺、護僧之心，每晚以靜坐、念佛的方式，包圍《臺灣時報》辦公大樓，希望喚醒媒體道德的良知。感謝陳潮派居士等諸位護法金剛，爲了佛光山的真相，義無反顧地挺身而出。五月，出席「中國時報」主辦的「還原歷史真相——高千穗丸沈船事件的回顧與省思」座談會。這件事發生在一九四三年三月十九日。日本一艘載有一千四百人的客輪，航行快到基隆澎佳嶼附近時，被美國魚雷擊中，船上只有兩百人遇救。事發第五天，官方纔語焉不詳地發佈新聞。新聞，是歷史真相的參考，實不容忽失啊！

基於人道關懷，元月份，我在「中國人權協會」理事長許文彬律師的協助下，前往土城看守所，探視蘇建和等三位年輕人，他們受到冤枉而被宣判死刑，此事備受各界關注。人活在世上，可能會受欺負，但是因果不會辜負我們，我鼓勵他們不要絕望，抱持希望勇氣地活下去。我關心此案已久，深深感受到他們的委屈，期盼有關單位重視生命的可貴，毋枉毋屈。

去年，臺灣首次舉行民選領導人，前「監察院長」陳履安先生是佛光山信徒代表，他決定參選爭取爲民服務的機會。我基於同一信仰，第一個表態立場，全力支持。我常感嘆被稱爲「政治和尚」，其實，何謂政治？如果真的有政治頭腦，明知不可爲，又何必在這是非非的世界中如此表明立場？正因此乃宗教家而非政治家之舉也！

我在臺灣生活四十多年來，覺得自己愛臺灣而非愛某一個人，是盡己微薄之力，主張人我共尊，消除族羣的地域情結，從歷史、文化、經濟，建立自他共榮、平等和諧的社會。

一九八八年，當時還是參議員身份的高爾先生曾來訪問佛光山。去年三月，已是美國副總統的他，邀請我至白宮會面。爲了再敘情誼，我也邀請他四月到西來寺訪問。高爾先生是美國史上第一位蒞臨佛寺的副總統，不僅爲華裔社區增光，也肯定了西來寺的弘法功能，這對佛教在美國的發展，具有重大的意義。

爲了慶祝佛光山開山三十週年，常住舉辦了多項世界性會議。其中，「國際佛光會第五次世界會員代表大會」，假巴黎國際會議中心召開，主題爲「平等與和平」。有來自美、加、德、英、法、巴西、阿根廷、挪威、瑞典、丹麥、莫斯科、澳、日、韓、泰、新、南非等三十多個國家和地區的代表，五千名佛光會員參加。貴賓有法國國會議員高樂加雅馬庫士先生、美國國會議員馬丁尼茲女士、「僑務委員長」祝基瀅先生、法國佛教協會會長傑克·馬丁會長、歐洲佛教協會會長丹尼喇嘛、巴黎機場最高總裁比爾·馬希昂、臺北經濟文化辦事處

處長邱榮男先生等多人，也感謝美國柯林頓總統、高爾副總統等捎來祝賀的電函。

國際佛光會以促進家庭和諧，乃至於民衆與民衆間、種族與種族間、國與國間的和平。此次會議可說是歐洲佛教史上首見的盛會，當地許多越（越南）、棉（柬埔寨）、寮（老撾）等華僑感動落淚，表示他們移居海外多年，沒有住在自己國家的土地上，不知道自己是哪裏人，現在看到這麼多共同信仰的人聚在一起，不禁百感交集。

我告訴他們，我在臺灣弘法數十年，有三分之二的生命都在臺灣度過，如果說我不是臺灣人，我是哪裏人呢？但是我在臺灣，也沒有人承認我是臺灣人；當我回到大陸，當地人又說我是臺灣來的和尚。我走到哪裏都不被認同是當地人，後來我安慰自己，我是「地球人」。這是我後來的覺悟，只要地球不捨棄我，我就做個「地球人」。

在這同時，由於羅輔聞、文倶武等居士的大力奔走，荷蘭荷華寺終於在阿姆斯特丹舉行奠基典禮，未來將成爲歐洲第一座中國宮殿式的寺院，可以發揮弘法功能，給衆生一個安身立命之處。

另外，第一屆「世界佛教傑出婦女會議」，有來自三十多個國家和地區，四百多位傑出婦女聚集在佛光山，交換彼此的經驗與智慧。「中華總會」各分會共同發起「慶祝佛誕浴佛法會」，於南北同步舉行。而香港協會主辦的「梵音海潮音音樂會」，更是香江地區首見的大型佛教音樂會。

我一直主張世界是融和歡喜的，宗教不同、種族不同、思想不同，都可以靠互相尊重來融和。去年就有多次宗教間的交流往來。如我應靈巖山寺住持妙蓮長老之邀，爲三壇大戒擔任羯摩和尚，佛光山的徒衆也前往協助。

八月，倫敦佛光協會主辦一場「和平對話」。由倫敦大學亞非學院歷史系主任巴烈特教授（Professor Timothy Barrett）擔任主席，我和世界宗教代表大會主席布雷布魯克牧師（Rev. Marcus Braybrooke）、倫敦佛教協會秘書長梅多士先生（Mr. Ronald Maddox）一同主講有關「宗教與社會的融和」問題。南華管理學院主辦的「亞洲宗教與高等教育」國際學術研討會，計有亞洲各大知名的宗教大學與臺灣各宗教代表，專家學者一百五十八人出席。

馬來西亞佛教總會與國際佛光會馬來西亞協會，共同在吉隆坡莎亞南體育場，舉辦「萬人皈依典禮及萬人獻燈祈福弘法大會」，竟有高達八萬人前來。根據馬來西亞聯邦憲法規定，伊斯蘭教爲大馬國教，佛教活動始終受限於寺院之內。此次盛會，馬來西亞交通部長拿督斯里林良實醫師、內政部部長黃家定先生、能力資源部長拿督林亞禮先生、文化藝術暨旅遊部長鄧育桓女士、大馬工委會主任拿督梁偉强先生、馬來西亞佛教總會會長寂晃長老，以及廣餘、明智、達摩難陀等多位長老都前來給予護持，實屬稀有難得，也銘感在心。

看到許多不同信仰的部會首長、朋友、信徒，無分彼此共襄盛舉，在迴向祈福時，我不禁說道：「慈悲偉大的佛陀！希望在座的佛教徒，將心靈的燈光獻給佛陀；在座的基督教徒，將心靈的燈光獻給上帝；在座的伊斯蘭教徒，將心靈的燈光獻給阿拉。」事後，許多人十分訝異我的開明，他們說：「從來沒有一位佛教法師，敢公開教人去尊奉其他宗教的神明！」其實，佛説衆生平等，假如當初的佛陀出現在這裏，我相信他也會如此做的。

去年五月十六日，是佛光山三十週年紀念日，藉此因緣，全世界五大洲、五千多位功德主回山參加功德主會議。感謝吳伯雄先生代表李登輝先生致贈「傳燈萬方」匾額。由於諸位護法的鼎力相助，三十年來，讓我們在各種文教領域皆有成果。

繼「宗教百問系列叢書」之後，文化院「寶藏小組」吉廣輿及滿濟、永應等主編的一百三十二册《中國佛教經典寶藏精選》白話版出版了。依空主編《佛光山開山三十週年紀念特刊》，以及《佛光大辭典》光碟版測試完成等等，都讓三十年的佛光山增添厚實、芬香的內涵。

拙作《心甘情願》一書，由德國柏林協會督導車慧文教授、日本大阪協會陣一普智夫婦，分別翻譯成德文、日文。而由永文製作、金馬獎導演王童先生執導的《佛光山開山三十週年紀念影片》也完成試鏡。這些，都是感謝功德主們護持佛光山走過三十年歷史的真誠回饋。

除此，佛光山文教基金會贈送《禪藏》予各大專院校的行動，更在世界各地熱烈展開，有美國柏克萊大學蘭卡斯特、普林斯頓大學詹姆士强生、哥倫比亞大學蕭本格等教授，代表二十七所大學受贈。也贈送歐洲英國大英圖書館、劍橋大學、牛津大學、倫敦大學亞非學院，以及德國、瑞典各大學圖書館等十餘個單位。

有鑒於臺灣少數民族地處偏遠，資源取得不易，佛光出版社聯合《山海》雜誌社、臺灣兒童文學學會、《普門》雜誌社等十個單位，舉辦「讓愛徧城鄉，送書到山地」活動，致贈三萬五千多本兒童讀物，給二百九十三所山地小學。

在教育上，也傳出好消息。佛光山叢林學院派下十六所佛學院擴大聯合招生，相信「人間佛教」弘傳的菩提幼苗，將更成長茁壯。

宜蘭佛光大學已取得「教育部」核准發照。南華管理學院也在九月舉行「開校啓教」典禮，有連戰先生的夫人方瑀女士、「高教司司長」余玉照先生、「國策顧問」余陳月瑛女士、嘉義縣縣長李雅景先生，和來自海內外各地信衆、佛光會會員們，兩萬多人光臨與會。

南華管理學院，是臺內第一所唯一不收學雜費的私立綜合大學，這是「百萬人興學運動」的所有委員，爲高等教育寫下的歷史新頁。希望在龔鵬程校長的治校下，爲社會培養人才，開創學術領域，以此來回饋廣大羣衆，並期盼大家對大學能繼續護持。

世事的無常與聚散，總是在瞬息間。去年五月，我九十六歲高齡的母親李劉玉英夫人，在美國洛杉磯捨報

往生了。我搭機趕到西來寺，撫著她皤皤的銀絲白髮，安詳的面容猶如沈睡一般。心理上，雖然我早有預備，但仍免不了濃濃的懷念。

想起我十二歲出家，二十三歲到臺灣，關山迢遞，大海茫茫，兩岸阻隔了四十年，纔與母親再度見面。一個七十歲的老人還有母親可以叫，徒衆們都替我歡喜。如今感嘆時光不能倒流，無法再盡爲人子的義務，心中只有默默念著：「娑婆極樂，來去不變母子情；人間天上，永遠都是好慈親。」

母親在民國前十年出生，從清末民初到「文革」，以及兩岸關係解凍，走過近百年的大時代動蕩，猶如一部現代歷史寶典。因此，我爲母親的一生寫照作了一偈：「歷經民國締造、北伐統一、國共戰爭，吾母即爲現代史；走徧大陸河山、遊行美日，終歸浄土，慈親好似活地圖。」她常説，一生做得最對的一件事，就是允許我出家，把兒子奉獻給衆生，給佛教。我深知歲月難以復還，色身也無法久長，對母親的思念及感恩，過往點滴的片段，只有留存心中慢慢重温。

時間荏苒，不曾爲誰停留。唯有佛法的磐石，纔能讓我們穩住脚步，不怕世間天災人事洪流的衝擊。所謂「佛法弘揚本在僧」，佛光山「三十而立」，推動「人間佛教」的責任，正待我們全力以赴，發揮「人生三百歲」的生命與價值。新的一年，祈願大家開發本具的清浄佛性，面對現實生活的重重困難、挫折，能夠往來無懼，勇敢而自在的行走在人間，貢獻在人間。祝福大家

身心平安

禪悦吉祥

星雲 合十

一九九七年元月一日

一九九八年新春告白

各位護法、朋友們：大家好！

一九九七年過去了，即將來臨的是一九九八年的新年，對佛光山來說，這是一個充滿祥和、喜樂，且春滿人間的一年，在此也祝福大家「圓滿自在」。

佛光山建設至今三十年，回想這三十年來，佛光山這一湖淨水，終日不息地滌除塵垢，淨化人心。終於，「人間佛教」的弘揚，已激起了無數壯麗的浪花，結出了無數美麗的花果。但是，這些都不是個人所成，一切都是十方大衆全心全力的護持，纔有這三十年的成就。

再回顧以往，與佛光山同時併進的大慈育幼院也三十歲了，佛光精舍的松鶴老人來山安居二十五年，甚至年輕的普門中學，也整整二十年了。儒家說「三十而立」，本山走了三十年，開創的階段性，已經告一個段落，接下來的，應是內斂涵養，沈潛靜修，讓僧衆再儲蓄厚實的弘法養分。所以在這一年，經由宗委會商議，大衆通過，決定「封山」。

封山不是封閉，而是另一個起點的開始，等於過去出家人的閉關，封山是團體的閉關。從長遠觀之，確是更有益於人間、有利於衆生的。所以，在封山典禮上，心中浮現四句法語：

封山，封山，常住責任一肩擔；

封山，封山，慈心悲願永不關；

封山，封山，菩提道果處處栽；

封山，封山，弘法利生希望大家一起來。

封山也是「封人不外出，封心不亂動，封事不攀緣，封情能放下」。這不但是佛教徒應有的修持，更是社會大衆所希望的心靈淨化啊！

在封山同時，繼代理心平和尚第五任住持之後，心定和尚被選爲第六任住持。新任住持陞座及宗委的選舉，象徵著佛光山的弘法傳承，生生不息。陞座典禮上，承蒙悟一長老送座、各界五千人光臨見證，以及來自世界各地衆多的祝福。我也對大家說：來佛光山，不要只是看到殿堂的建築，更要看到佛光山內在的擁有；不要只看到佛光山個人的成長，更要看到大衆的和諧；不要只看到佛光山的個案，更要看到歷史全部。總之，不只是看到有形的外表，還要看到章程制度，以及深度和內涵，纔不致入寶山而空手回。

去年香港的回歸，全球華人倍感歡欣鼓舞。「國際佛光會第六次世界會員代表大會」及佛教歌舞劇「梵音海潮音之佛法頌」，也選在東方之珠——香港舉行，可說別具意義。在此之前，「九七大限」讓許多人憂心忡忡，紛紛問我對香港前途的看法。其實，一切都在「一念之間」，身的安頓，要從內心做起，做到尊重與包容、平等與和平。擁有知足的生活觀、平等的人我觀、般若的處世觀，就可以「馬照跑、舞照跳」。

回歸之後，唯有海峽兩岸的中國人在共尊共容的共識下，纔能携手共創美好的未來。這次大會，我提出「圓滿與自在」的理念。在主題演說時，我告訴大家：圓滿，是人們最向往、最欣慕的境界，我們應學習從心意的包容、生活的知足、人我的平等、處世的般若、社會的安定、家庭的和諧、身心的健康以及自我的解脫上，去體證世間的圓滿自在。

我深信佛法能滿足我們的需求，解除我們心靈的飢渴，它跨越時空的距離，提供無盡的寶藏，只待衆生來汲取享用。我曾允諾，只要有四百人能背誦《心經》，就爲大家講授，去年便分別到東京別院及普賢寺實踐諾言；另外，在臺北「中山紀念館」、新加坡國立體育館宣講「大寶積經要義」、「八識講話」，以及在臺灣各地

講「因緣果報」、「如何做個善女人」、「如何修持觀音法門」、「心靈改造」等，無不希望佛法大海，流徧十方，滋潤每個人的心田，使其開出繁盛、善美的花果。

「良言一句三冬暖」，語言如此，文字更具教化的功能。由天下文化出版，符芝瑛小姐執筆的《薪火》，去年四月出版了。這是描述心平、慈莊、慈惠、慈容、心定、慈嘉、慈怡、慧龍、依嚴、依恒、依空等十四位弟子，跟隨我出家之燈火相傳的故事。在新書發表會中，符小姐將一萬本版稅捐贈佛光山，我則將這一萬本版稅，捐給有五十年歷史的花蓮門諸醫院；天下文化也一齊響應此舉，捐贈一千冊圖書給全臺受刑單位。希望個人些許的心意，能喚起大家關愛衆生的善心，以實際行動幫助需要幫助的人，共同關懷我們的社會、國家和世界。

另外，簡志忠先生負責的圓神出版社，經過三年的籌備，在去年九月出版了《有情有義——星雲往事百語回憶録》有聲書。過去以來，自覺受用的話很多，它們就像陽光、空氣、水分，給我力量，讓我成長，讓我走過數十年的歲月。希望藉由這套書，將那些陪我走過無數風雨、艱辛歲月的好話與情義觀念散播出去，大家共同建立一個有情有義、圓融祥和的世界。

四十二册的《佛光大藏經·般若藏》、佛光山第一本「電子佛典」——《佛光大辭典》光碟版也相續出版了。這代表弘法新時代的來臨，隨著時代潮流的更替，弘法的方式也應推陳出新，貼近現代人的需求，纔能讓佛法延續下去。除此，佛光山文教基金會繼續一九九六年贈送《禪藏》的活動，分别贈予新加坡各大學、圖書館、寺廟及團體二十餘部，英國各著名大學圖書館五十部。但願佛法如燈，分燈無盡，讓更多人受惠，同沾法益。

感謝國民黨頒發「華夏壹等獎章」給我，並入選加拿大1470AM中文電臺所舉辦的「陽光計畫」十大偉人之一，拙作《玉琳國師》及《傳燈——星雲大師傳》被評爲十大好書。這許多成果與肯定，都不是我個人的成就，而是因爲大家盡心盡力、不分彼此的付出與努力，所以這些肯定和榮譽是大家的集體創作，是大家共同的成就。祈願這相互映照的光輝，普照十方有情。

在硬體建設方面，宜蘭雷音寺去年重建，成爲蘭陽平原上最高的大樓。而多倫多佛光山、巴西里約禪淨中心、日本臨濟宗大阪佛光山寺也已落成啓用，藉由弘法資源的完備與方便，法水的流佈將更爲廣闊。

此外，有鑒於臺灣社會治安日益敗壞，人心擾攘，驚惶不安。爲安定社會人心，舉辦了「慈悲愛心列車」系列活動，共有八萬人宣誓成爲「慈悲愛心人」，致力推動「心靈淨化、道德重整、找回良知、安定社會」的理念，讓失落的心靈、紛亂的社會回歸平安、和諧。

我們仿效早年沿路行脚民間的弘法方式，展開「街頭佈教」，走徧全島，把街頭當作佛堂、佈教所，透過講演、演唱等方式，宣導五十三則修身語録，以此喚起大家每日發願「日行一善」，將慈悲愛心散播到社會每個角落、每個人心中，並藉由每位慈悲愛心人的善口慈心，讓更多的人懂得安頓心靈，增長智慧。

我們也開拓了一方電視淨土。秉持「十方來，十方去，共成十方事」的觀念，集合千萬人的智慧、心力和財力的「佛光衛星電視臺」，在十方信衆、各界人士的祝福下，於臺北林口中正體育館舉行開臺典禮。在這個頻道上，我們播放純正、乾淨、健康、美好的節目，期盼以電視無遠弗屆的力量，推動心靈淨化，啓發希望與信心，智慧與慈悲。相信它不但代表弘法時代走入新紀元，也帶領電視媒體走向零汙染，將祥和與歡喜散播人間！

別具意義的一年，也創辦了許多前所未有的弘法事業與事跡，例如：佛光山梵唄讚頌團在德國柏林文化中心演出，打開以佛教音樂在歐洲弘法的大門；「臺灣佛教寺院行政管理講習會」、「佛光學學術會議」、「國際佛教青年會議」等，都在今年首度舉辦。在封山後，除了因應信衆所需，舉辦「寓修行於休假」的「假日修道會」，同時也展開四十九日參禪、念佛修道會，創下臺灣教界首度參禪、念佛七七同步舉行的先例。

在宗教的軌道上，也增添不少交集點：在梵蒂岡羅馬教廷，我和天主教教宗若望保祿二世，就宗教融和的問題、推動世界宗教教育的發展方向，共同研擬具體合作方案；對派遣學者進行研究，及加强雙方各方面的宗教交流，也都能達成共識。此行也與伊斯蘭教清真寺教長 RaMartelli 會面，前往和平之城 Assisi 拜訪聖方濟各會會長 **Giulio Berrettoni** 神父。

在倫敦大學博士生陳慧珊小姐的因緣促成下，於英國舉辦了「全英各宗教代表之和平對話」，針對「宗教與社會的融和」進行研討。在東京舉行的「日華宗教者會議」，邀請到臺灣和日本的學者、專家，以「宗教對現今社會的職責」爲題，探討宗教在面對現今社會問題，所應扮演的角色。值得一提的是，天主教國家菲律賓，在馬尼拉擁有四百年歷史的岷倫洛天主教堂，首度舉行佛教祈福儀式，永光法師應邀率僧俗二衆前往主持誦經，爲宗教交流再增添美好的一頁。

這些宗教間的對話，促進相互的尊重，也象徵宗教之間的融和與平等，是今後地球人的共生之道；我想不僅是宗教之間，更是種族之間、國家之間的新契機。

印度是比丘尼教團的發源地，中國比丘尼教團能有今日的蓬勃發展，都是根源於印度。然而，今日印度、尼泊爾、錫蘭、泰國乃至藏傳比丘尼之戒法，卻因爲時代變遷等種種因素而失傳。因此，今年二月，將在印度菩提伽耶中華大覺寺傳授三壇大戒。至今已有二十餘國，一百五十多位戒子報名參加，希望藉此將南傳比丘尼教團恢復起來，促使南傳比丘尼教團回歸佛陀時代的興盛。

雖然社會亂象叢生，由於大家齊心努力，度過了豐富而多彩的一年。今後，佛光人更應如千年老松，通過風雨考驗，如堅固磐石，屹立而不動搖。佛光山三十年歲月，在蒼茫大地上開山建寺，在滾滾紅塵中安僧度衆，一路走來風塵僕僕，始終堅持爲教爲衆的宏願，展望未來，也將堅定的走下去。

回首來時路，我們覺得滿足、欣喜，每一年都是一個新開始，路途還很長遠，希望更是無限，還望各位護法朋友多多護持。祝福大家

一切圓滿

吉祥自在

星雲 合十

一九九八年元月一日

一九九九年新春告白

各位護法、朋友們：大家好！

恭喜春節，安樂富有！

一九九九年的春節即將來到，多年來，藉著佛光之緣，感謝諸位護法的關懷，佛教已從臺灣躍上國際，大家共同助長了佛光普照、法水長流的因緣。

記得十月間，我在美國休士頓美以美醫療中心（The Methodist Hos-pital），進行血管阻塞疏通手術。承蒙各位的盛情厚意，給我的關心，星雲愧不敢當。現在效法「剖心羅漢」，毫無保留地向各位報告一年的雲水僧涯，聊表寸心。

今年，我七十三歲，每年的足跡踏徧五大洲，飛行達數萬里。雖然一九九五年的心臟手術，醫生一再囑咐不可做長途飛行，但是，只要憶及遠方有一重要法務，即使是要我徒步跋涉，萬水千山，我都心甘情願。

一九九七年二月，我在義大利梵蒂岡會晤天主教教宗若望保祿二世及與基督教普世教會交流之後；五月，在馬來西亞會晤伊斯蘭教國家領袖馬哈迪總理，展開了跨世紀的宗教對話，其實，世界和平並非夢想，只要人人都有「同體共生」的慈悲觀、「尊重包容」的平等觀，人間自然喜樂融和，哪裏會有戰爭的殺戮和强權的逼迫呢？

一九九八年二月，我於「中華總會」會長一職退位下來，期令佛光會注入活水，讓繼任的總會長吳伯雄，副總會長潘維剛、陳順章等，能領導所有會員，施展抱負，參與社會公益的行列。此外，佛光山假日修道會的創辦、佛光衛星電視臺的開播、佛光大學南華管理學院榮獲當局特例補助、美國西來大學向大陸暨東南亞地區招生、浄化人心禪浄密祈福法會、印度菩提伽耶的國際三壇大戒戒會，恭迎佛陀舍利顯密法會、以及在加拿大召開的第七屆「國際佛光會會員代表大會」等。這些佛教史上的創舉，都是由各位護法們的心血所共成！

一九九八年，由於諸位的鼎力護持，我們在各種文教慈善事業方面都有輝煌的成果。如：十七層高的雷音寺已經竣工，將提供給佛光大學作爲蘭陽城區分部；南華管理學院圖書館也受評爲全臺第一，雖然大學所費龐大，但相信「百萬人興學運動」會加快脚步，成就美事；還有臺北、臺南、屏東及本山佛光緣美術館和文化廣場的開幕，用書香改善社會風氣；《佛光叢書》的《人間佛教經證》英譯版《Being Good》由美國出版社發行；《佛光菜根譚》走進監獄、校園、警界和軍中，更走進廣大民衆的生活裏；繼《白話經典寶藏》、《佛教叢書》之後，即將完成《佛光祈願文》，可以供給信徒早晚課誦修行之用。

此外，菲律賓南島、巴布新几内亞、宏都拉斯、尼加拉瓜等的天災，大家都心存善念，如：張姚宏影、游象卿、沈尤成、廖德培、汪元仁、王樹芳等賑濟救人、佈施供養，或以金錢、勞力、時間、智慧，我相信大家的發心隨喜，必感召佛光加被，福慧增長。

十月中旬，我因血管阻塞開刀後，方便閉關於澳洲黃金海岸佛光緣。但我仍不忘與時間賽跑，每日集合學生們講説《佛光教科書》，一心一意地希望佛教徒能擁有修學佛法的課本可以研讀。真恨不得分分秒秒都能成爲無限的生命，奉獻給十方諸佛和一切大衆。

新的一年來到，有好多理想亟需全球佛光人的集體創作，實踐菩薩的行願。如：在印度八大聖地設立「正覺城」，以文化教育解決印度貧窮的問題；紐約鹿野苑「世界佛教總部」的計畫，促進南北傳佛教之融和；還有在黃金海岸籌備的「世界佛教研究所」；並於南非、澳洲等地設立佛教學院，尤其是南非佛學院，有多位黑人出家，成爲國際佛教的盛事。佛光山唯一可以告慰十方人士的，就是注重人才的培養，以便可以向世界宣揚

正法，不辜負佛陀的教示和信徒的期望。

此外，國際佛教的發展、海峽兩岸佛教的交流，尤其是大陸佛教的復興，我們應該給予關切！國際佛光會副總會長嚴寬祜居士，在大陸提供數百萬美金的獎學金，乃至印贈經書，並於各處設立佛光希望小學、護持僧侶，善行善舉，利益多人！這些發心，令我們無限的敬佩。

一九九九年到二〇〇〇年的工作，是要完成佛陀舍利塔暨「佛陀紀念館」，希望能爲二十世紀的佛教，留下我們共寫的歷史！

回首來時路，無論是山河大地或日月星辰，都始終讓我感受到大自然的無私平等，只要人有一點靈犀，廣結善緣，就能與天地日月同存，享受「自然與生命」的無限美好。

在迎新送舊之際，希望大家不要忘記「六度萬行」、「八種正道」，只要心中有佛法，處處自然就有辦法。在各位的自我修行中，希望您們每日研讀「佛光學」，尤其早晚的「祈願文」、「心經」、「三昧修持法」和飯前的「四句偈」，都要把它落實於生活之中。祝福大家

事事圓滿自在

日日富足安樂

星雲　合十

一九九九年元月

二〇〇〇年新春告白

各位護法、朋友們：恭賀新禧，千喜萬福！

西元兩千年終於來到了，當今也正是佛教東傳中國兩千年的時刻，回首來時路，心中除了感恩佛陀的慈悲攝受之外，也感謝各位的關懷。由於您們的好因好緣，不但助長了佛教的發展，也使得大衆的法身慧命得以綿延相續，這一切怎不令人鼓舞歡喜，進而奮勉不懈！

今年我已七十四歲了，去年經過兩次輕微的中風之後，深感健康已大不如前，但我仍在五大洲往來飛行，穿梭弘法，看到加入佛教行列的人數日益增加，更提升我無比的力量。尤其九月份率領佛光山梵唄讚頌團一百二十人在歐洲十個國家巡迴公演時，目覩萬千歐美人士的熱烈回響，聽到不絕於耳的如雷掌聲，心中的感動真是無以復加，我不禁合十祝願：世界永遠美好，和平永在人間。

現在我吃飯不過半碗，也從未有吃零食的習慣；看書不戴眼鏡，字跡二〇已模糊不清；走路拄杖慢行，也只能五百步左右。深感：歲月難以復還，色身又豈能長久？儘管如此，我從未忘記「人生三百歲」的承諾，總希望在人生的旅途中，能徧栽花果樹木，庇蔭過往行人。

回顧一九九九年，全世界籠罩在天災人禍的恐懼當中：科索沃空戰所造成的難民潮，哀鴻徧野；全球性地震帶的波動，更是令人怵目驚心。像土耳其、墨西哥的地震等，其中尤以臺灣「九二一」大地震的損失最巨，纔短短幾分鐘，山河變色，大地扭曲，骨肉分離，親人永訣！

感謝全世界佛光人及有緣者發揮愛心，集資近四億元臺幣，以此善款交由國際佛光會，在南投、臺中等地重建平林、爽文、中科等三所小學，搭建佛光村，每天供應數千個無家可歸的學童營養午餐，並成立多所「佛光緣慈心站」，作長期心靈重建的輔導。據聞一些寺院也受到地震波及，這邊倒了，那邊塌了。雖然如此，我們深信地震可以震毀成住壞空的有爲世間，卻無法震倒我們法身慧命的信仰。

希望這一次苦空無常的教育能震醒衆生的迷夢，讓大家明白活著纔有希望，生存纔是力量；更希望這一次國土危脆的示現能震開人們的心胸，從今以後，更加惜緣惜福，遠離貪嗔愚癡，早日共創幸福美滿的淨土。

過去一年當中，世界佛教以慶祝佛誕表現得最爲多彩多姿。像香港佛光協會爲慶祝首次的公訂佛誕假期，三萬人假維多利亞公園舉行慶典；澳洲中天寺也在布里斯本舉行十二萬人的集會，可謂猗歟盛哉！餘如馬來西亞、韓國及東南亞各個佛教國家，乃至於英、法、美、加等國，何止百千萬人也都紛紛點燃慶祝的佛光，照耀法界衆生。

感謝李登輝先生於一九九九年八月三十一日親臨佛光山，爲前往歐洲公演的梵唄讚頌團授旗的同時，宣佈農曆四月八日佛誕節爲假日，並於母親節同步放假。多年來，教界法師大德如昭慧、沈智慧等人的奔走請命功不唐捐，總算爲佛教東傳中國兩千年，豎起輝煌燦爛的里程碑。

在國際交流方面，由於大家對於世界的宏觀，促進了國際佛教的發展，例如：去年一年當中，我們曾支持世界佛教徒友誼會在澳洲南天寺召開大會，國際佛光會翻譯中心將我的「人間佛教」譯作《Being Good》交由美國出版社發行；俄羅斯佛光協會在聖彼得堡大學陶奇夫教授的主持下，有十餘種譯著出版。烏克蘭的記者 Prof. Stadnichenko、俄國遠東大學 Ladimiro Kurfon 校長均相繼訪問佛光山，一致推崇「人間佛教」的成就。

國際佛光會在德國柏林成立了歐洲總部；在西非賴比瑞亞、塞內加爾、甘比亞等國，配合南華寺捐贈衣物、輪椅等，濟助窮苦；在美國波士頓哈佛大學的麻州大道上，佛光山成立三佛中心，便利國際學者研究佛教；在澳洲昆士蘭的 Griffith University，我們和耶、伊斯蘭、猶太等宗教，共建「世界宗教中心」。在印度，我們

派了乘禪等五位沙彌前往求法。

香港中文大學舉辦的國際會議邀我前往開示「二十一世紀的未來世界」，香港理工大學請我前往講説「佛教的科學觀」，我感到意義非凡，故欣然允諾。其他世界各地大學的演講邀請函也紛至沓來，看來爲了弘揚佛法，我只得與日月賽跑，與時間爭速。

去年，佛光人的教育文化事業也是佳音頻傳。例如：在佛光山「百萬人興學運動」資助下，南華管理學院經「教育部」核准，升爲大學，如今碩士班已有兩屆畢業；洛杉磯的西來大學接到美國政府承認校方頒發博士、碩士學位的許可。今後，佛光山在世界各地的十六所佛教學院，將更加强師資的培訓與學生素質的提升，裨能發揮弘法利生的力量。

位於宜蘭的佛光大學經過六年的土地開發之後，開始動工了；城區分部在佛光山蘭陽别院十七層的大樓裏開課了。大家最關心的佛陀舍利塔，亦將在蘭陽平原的林美山上擇吉開工。那裏面對遼闊的太平洋，每天接受龜山島海潮虔誠的朝拜，煙嵐飄渺，風景靈秀，和佛光大學前後爲鄰，希望在三年之内能夠完成。

此外，我們在大陸捐獻了十餘間的希望小學，在阿里山和埔里開辦均頭中學、小學；在臺灣三峽金光明寺内，成立可容兩千人的信徒大學，將以《佛教叢書》、《佛光教科書》等爲教材，有計畫地推動信徒教育。

恭逢佛教東傳中國兩千年的因緣，我們有一連串的慶祝活動要向各位報告：「國際佛光會第八屆世界會員大會」和國際金剛護法會議、國際婦女會議、國際青年會議將分别在春末夏初的佛光山上召開，屆時，國際三壇大戒也將隆重舉行，希望能讓中國佛教在世界佛教史上扮演重要的角色。

最後，有一個重要的訊息要告訴大家：《人間福報》即將問世了！我們除了重視世界佛教新聞的報導傳播、各寺院間活動看板的融和，更重視居家佛教生活的淨化成長；我們除了重視世界環保生態的共存，更重視婦女

青年兒童的佛化新知；我們除了要在《人間福報》上辦理佛教函授學校，還要在《人間福報》上解除大家在信仰方面的疑難；我們要請佛陀到各位府上説法，我們要讓佛光照耀每一個讀者的家庭。

《人間福報》從五月中旬起，暫以三大張十二版與讀者見面。我們需要廣告，我們也需要訂户，我們更希望各界熱心人士的推介。願此心香法語，能夠供養大家。

西元二〇〇〇年和佛教東傳二〇〇〇年，是一個新世紀和新時代的來臨，但望人長久，諸佛共加持。耑此

星雲　合十

二〇〇〇年元月一日

順頌

千喜萬福

二〇〇一年新春告白

各位護法、朋友們：大家好！

廿一世紀真的來臨了！恭賀新年，世紀生春！

春風夏雨，秋月冬陽，時序就這樣送走了二十世紀！在這世紀交替的時刻，回首往事，前瞻未來，眾生的苦難和自己的煩憂，經常糾纏在內心。

繼前年「九·二一」震災之後，去年的「象神」颱風，奪走了多少的生命；中正機場的新航空難，造成了多少家庭的天倫夢斷，真是天災人禍，世事無常。尤其目前臺灣，不僅山在移動，水在氾濫；各界上下，更是有人鬧罷免，有人要倒閣。想到人間的顛倒，生命的脆弱，怎不叫人憂煩！

我個人在芸芸眾生之中，只是微塵一粒，大海一漚；但是這一微塵水漚，也在歲月中隨風飄蕩。六十歲以前，我從未看過醫生；六十歲以後，幾乎每年都要進醫院一次。尤其七十歲以來的最近五年，更是每個月都要向醫院報到，不過也因此結交了許多醫生朋友，真是感謝他們。其中有在臺灣為我做心臟手術的張燕、榮總內科主任江志桓、糖尿病科的蔡世澤、副院長姜必寧、院長張茂松等。以及在美國的眼科大夫羅嘉、齒科醫師李錦興、皮膚科醫生沈仁義，甚至在休士頓為我血管開刀的 Dr. Debakey，他們都在幫助我這「老牛破車」般的身體，讓我這盞如暗夜的風燈，還能勉强地發揮生命的功能。

但是，儘管身體老病，我卻從未忘記要為各位護法、朋友，甚至國家社會祝福，祈願人間和平。所以我撰寫《佛光祈願文》，為各行各業的同胞，代向佛陀祈求大家的平安幸福。

這一年來，佛光山常住和我也有一些瑣事，想向各位報告，也說一點歡喜的事情，給各位關心我的朋友分享。

首先，《人間福報》在兩千年四月一日創報了！這是我五十年來一心想為佛教廣開言路，也為傳播佛法盡一份心意的實現。在這一份報紙上，沒有刀光劍影，沒有權謀鬥爭；唯願闔家老少都能閱讀，分享「福報」和般若智慧。

數十年來，我一直努力於文化的傳播，只要一有時間，就不斷地寫書著述；「迷悟之間」是我現在每天必定要向報社交卷的日課。甚至現在不但重視華文的寫作，也承蒙許多擅長各種語文的信徒、朋友，幫我把著作譯成英文、德文、俄文、日文、泰文、韓文，乃至西班牙文、葡萄牙文等，讓佛法能為世界的人類開啓心靈，增長慈慧。

去年巴西的信徒把我的《星雲禪話》譯成葡文，隨即在巴西傳播機構推薦下，名列排行榜第一。在美國出版的數種譯著，如《Being Good》也成為暢銷書，甚至在美國的亞利桑那州立大學、波士頓劍橋市政府教育中心、美國西密西根州立大學等校，將我的《星雲法語》、《佛光菜根譚》等著作，選為授課教材，在校園引起研讀的熱潮。

其實，長期以來，佛光山秉持推動「人間佛教」的宗風，一方面重視生活佛法的落實，同時也不斷地舉辦各項學術會議，編撰《佛光學報》；以及編輯《佛光大藏經》、《佛光大辭典》，乃至為了方便初學者瞭解佛教，我先後編寫了《佛教叢書》、《佛光教科書》，並將此二書發展為電視教學，出版 CD、錄影帶等，希望透過視聽教學，推廣佛教的文化。

自從去年《人間福報》創報以後，我們除了將《普門》雜誌、《覺世》月刊轉移到《人間福報》，繼續香火傳承之外，並且出版《普門學報》、成立「法藏文庫」。當中，《普門學報》已在廿一世紀元月創刊，以後每逢單月發行，希望提升佛教的學術文化；「法藏文庫」更是獲得北京大學、南京大學等多位教授的鼎力相助，陸續將百年以來佛教的學術論文彙集出版，以方便大家研究。

我們也曾對全世界的名校分贈過《佛光大藏經·禪藏》等，很感謝大陸的十五所大學也接受我們的贈禮，期望法水都能注入每一個人的心田。

文化事業之外，我們也不斷地發展教育，從十多所的幼稚園，到籌建中的均頭小學、初級中學、高級中學，以及創辦西來大學、南華大學、佛光大學等三所大學。在大學中，除了大學系所以外，我們分設近三十個研究所；不僅止於宗教與哲學的研究，甚至包括從生死學到未來學，從管理學到非營利事業研究所等。

感謝「教育部」在南華管理學院啓教兩年之後，即破例升格爲大學；尤其現在佛光大學開辦的第一年，便核准六個研究所招收碩士生，甚至補助建校經費，評爲「六大第二」。

此外，澳洲卧龍崗的市政府也捐獻八十英畝的土地，供給佛光山在澳洲的南天寺創建南天大學，以及設立佛光緣美術館之用。在美國，政府與民間也對新移民十分照顧，現在一直輔導西來大學，給予躋身美國西區聯盟大學的成員之一。

除了一般常態的學校教育之外，我們的信徒大學也將在今年開辦。我們在臺灣三峽的金光明寺有可容納兩千人食宿和教學的校本部；另外，我們在全世界還有十二個佛教學院，包括印度、南非、馬來西亞等，並有十六個國家的人士，分別集中在佛光山叢林學院研修佛法。這許多學生，我們希望他們能成爲菩提種子，將來學成之後各自歸去，把佛法播撒弘佈，開花結果，以達成佛教國際化的心願。

現在佛光山在世界各地的別分院，臺灣已經有一百多所，海外五大洲也將近有一百所，各地佛子都已經能分擔弘法利生的責任，因而受到當地人士的重視。

在非洲，各國家和地區的領袖經常到南華寺參觀；荷蘭女王 Koningin Beatrix 也參與佛光山荷華寺的集會。歐洲的總部，位於柏林的 Acker 大道上，可以容納三百人掛單；南天寺的香雲會館，也能容納三百人住宿和共修。法國巴黎市政府也正積極與我們接洽，希望佛光山在當地的道場，能夠配合他們的建設，一起合作發展。

去年臺灣當局首定佛誕節爲紀念日，由於弘化在世界各地的佛教徒共同慶祝，成爲世界的一大盛事。今年國際佛光會已經邁入第十年了，目前佛光會在世界各地擁有一百五十多個協會，統轄一千多個分會，有百萬以上的會員。尤其檀講師、檀教師共同分擔傳教的責任，真是佛光普照，法水長流，怎不令人歡欣鼓舞！

再者，佛光山一千多名的僧衆弟子，獲得博士學位的有慈惠、慈容、心定、慧開、依法、依空、依昱、永有、覺友等；並有碩士百餘人，其他千人也都是佛光山叢林學院畢業。有了這許多的佛門龍象，又何愁將來佛法不能廣爲弘傳呢？

國際佛光會在十年之中，成立的世界佛教青年團有一百多個，童軍團有七十多個，他們分佈在世界各地，幫助佛光山在各地的別分院辦理五十餘所的學校。我們帶著一顆尊重的心，希望以佛法來和世界各地的文化信仰融和。

去年，我在臺北「中山紀念館」和香港國際會展中心，以及在澳洲的雪梨，都用説唱的方式講説佛法，希望此一融和傳統與現代弘法的創舉，能夠繼續推廣。此外，臺灣自「九二一」大地震之後，佛光山在災區設立的十四所佛光園心理輔導站，希望能加强它對災民心靈建設的功能；乃至佛光人認捐的九所中小學校，也能早日完成。當然，更希望大家期盼已久的「佛陀紀念館」早日開工興建，完成大家的所願。臨書惶惑，不盡所懷，只有以心香一瓣，祝福大家福壽安康。耑此 順頌

福慧圓滿

星雲 合十

二〇〇一年元月一日

二〇〇二年新春告白

各位護法、朋友們：大家好！

光陰似箭，歲月如梭，走過千禧世紀，在邁入二〇〇二年之際，祈願世界和平，人民安樂，大家都有「善緣好運」！

佛陀一生的教示，爲已度的衆生增長善根，爲未度的衆生結下得度的因緣。有感於佛陀的慈心悲願，雖然我已年屆七十六歲，身根老邁，仍不敢稍懈，效法佛陀，四處弘法。一年之內，我曾八次進出美洲、澳洲、臺灣的各大醫院，做色身血管的整健。除此之外，我一如往年，帶著老病之軀，在世界各地雲遊行腳。

回顧前一年，最讓人關心的就是社會面臨經濟的危機，因爲除了信仰之外，各位都需要經濟的發展，日子纔能無憂，生活纔得無慮。另外，天災人禍也令人掛念：美國「九一一」事件，造成震驚世界的美阿戰爭；臺灣南部的「七一一」水患及「九一七」「納莉」颱風重創臺北等災難，都讓大家身心紛擾難安。我們除了祈求世界和平安樂，總想有些積極的行爲，能有助於現實的世道人心。因此，佛光山組成「梵唄讚頌團」在世界各地結緣，一面撫慰人心，一面净化社會。

佛光山梵唄讚頌團於去年十月到美加巡迴演出時，其中一場在紐約林肯中心，由於距離世貿大樓不遠，演出結束後，我爲「九一一」罹難者祈福祝禱：「偉大的佛陀！偉大的耶穌！請您們垂慈護念死難者……」我的話音甫落，全場響起如雷的掌聲，不少人當場感動落淚，事後的讚美之聲更讓我深深感受到，宗教的融和是多麼善美啊！

「九一一」不幸事件發生後，不久美國便向阿富汗開戰，洛杉磯時報記者 Steve Young 訪問我對戰爭的看法，我說：宗教都是贊成和平的，但和平也需要有力量纔能獲得。戰爭是一個不得已的手段，戰爭也可以轉化爲慈悲的力量。甚至戰爭之外，其實也有一些可以替代的方法，例如：慈悲的感化、智慧的教導、輿論的制裁、旅行的限制等。以慈悲的力量來降伏暴力，纔能達到永久的和平。

當我從美國回到臺灣之後，隨即接到北京給我的信函，希望通過我來聯絡臺灣佛教界，將佛指舍利及西安法門寺的地宮寶物運來臺灣，供人瞻仰，這真是天大的好消息。我很快聯絡了佛教界的諸山長老，包括悟明、聖嚴、證嚴、惟覺法師等數十人共同簽名，中國佛教協會也即刻寄來了委託書。此事現正積極進行中，臺灣的吳伯雄、廖正豪也都參與，當局的各部會一致表示樂觀其成。

對於恭迎佛指舍利來臺，我一直避開政治，只希望以純宗教的立場低調處理，但是陳水扁先生仍然對此事表達關心，認爲宗教對安定社會人心，助益甚大。他曾不只一次引用「有佛法就有辦法」來鼓舞民心士氣，並於去年十二月二十五日「慶祝行憲暨孫中山先生紀念月會」中，邀請我講演，我以「我們未來努力的方向」爲題，提出四點意見：第一、對經濟的復蘇，企業要大小共存；第二、對社會的治安，臺灣民衆要同心協力；第三、對族羣的融和，大衆要互相尊重；第四、對國家的未來，眼光要瞭望全球。只希望個人淺薄的意見，也能對臺灣社會的發展，提供助益。

此外，陳先生在去年也曾帶領全臺的媒體，如「中國時報」、《聯合報》、「中央社」等數十名媒體負責人到佛光山開會住宿，我們《人間福報》總編輯永芸法師還被他們選爲副總領隊。

在去年一年裏，有許多令人歡喜的事情，其中之一就是佛光弟子在大陸各大學修博士學位，如北京大學的滿耕法師、南京大學的滿昇法師、蘭州大學的覺旻法師、中國人民大學的妙中法師、四川大學的滿紀法師、復旦大學的妙士法師，以及在北京大學研究的張美紅、林少傳等人，他們都相繼回到臺灣向我報告學習的情況。

另外，在佛光大學讀書的十六位碩士、在南華大學研究的十六位碩士，也都跟我做了小參。當然，佛光山叢林學院的畢業生和在校生數百人，也利用時間跟我做些接觸，我感覺到佛教有了這些青年，還怕將來沒有希望嗎？

遺憾的是在印度留學的五位比丘和沙彌，以及印度佛學院、非洲佛學院和澳洲佛學院等地的學生，因爲路遠，除了我偶爾到當地跟他們見面、談話以外，想要集體團聚就很不容易了。此外，在日本龍谷大學博士班的慈怡法師，博士已經修畢；在韓國東國大學的覺捨法師、英國牛津大學博士班的依益法師，我也非常掛念她們的學業是否順利。

創辦教育，是我一生的理念，感謝十方大衆支援南華大學的興辦，現在已有師生三千餘人，佛光大學也開辦了十五個研究所，西來大學預計在明年獲得美國西區聯盟的認可，在澳洲籌建中的南天大學更希望能早日完成。

關於文化方面，以《法藏文庫》的成績最爲可觀。我們搜集彙編大陸的碩、博士學位論文，出版《中國佛教學術論典》，目前已經出版了八集，共八十冊，有兩千餘萬言。《普門學報》每兩個月一期，一年六期，都獲得大家極力的推介與贊同。《人間福報》更受到廣大讀者的肯定，被譽爲是社會的一份清流報。尤其世界讀書會的推動，我們希望能成爲書香臺灣、書香世界。

佛光出版社非常重視兒童的讀物，出版一系列的童話書、童話畫、百喻經圖畫書、漫畫心經、佛教故事大全、新編佛教童話集、畫說十大弟子等，尤其是一百本的《佛教高僧漫畫》，獲得「行政院新聞局」金鼎獎之「漫畫類優良圖書」。

另外，承蒙泰國國務院總理，在第廿一屆世界佛教徒友誼會上頒贈我「佛教最佳貢獻獎」；美國佛教協會副主席 Glenn Hughes 也希望頒贈我「對美國佛教極具貢獻菩提獎」，然而因爲我無法配合領獎的時間，只得婉言謝絕了。

我深深以爲我個人的一切，都是佛光人所給予的成就。佛光人在全世界各地，也頻頻傳出得獎的喜訊，例如：賴義明榮獲臺灣首屆十大公益家庭獎、黃鈺輝榮獲香港更生服務傑出義工獎、張勝凱榮獲巴西聖保羅榮譽市民獎、依來法師榮獲澳洲聯邦地區英雄獎、林清志與蘇月桂當選九十年度全臺好人好事代表，乃至美國佛州協會獲頒亞裔傳承獎、昆士蘭佛光協會獲頒昆省國際義工年團體銀牌獎、中天寺榮獲昆省多元文化服務獎等，這些都是佛光人共同的光榮。

甚至我們「中華總會」總會長吳伯雄先生，在社會各界所得的獎，更是不勝枚舉；佛光山各個基金會的多位辦事人員，如慈惠、慈容、永富法師等，各得到當局頒予社教有功個人獎牌，那就更是佛教之光。現在我們又成立了佛光女子籃球隊，寄望她們將來也能得到更多的國際獎來貢獻佛教，爲佛教增大光彩。

關於讀書會，今年在大家的努力之下，已成立近千個讀書會，目前由臺中光明學苑的覺培法師擔任執行長，希望在二〇〇二年時能到達五千個以上的讀書會。我在南非舉辦的「國際佛光會理事會議」上發表的「佛法人間化」、「生活書香化」、「僧信平等化」、「寺院本土化」，希望這個「四化」一年比一年落實，一年比一年進展，更希望佛教界的諸大德們，也能跟我們共期前進。

對於世界的慈善救濟，雖然我們的力量有限，但承蒙全球佛光會員熱心資助，我們仍然勉力對菲律賓、孟加拉、史瓦濟蘭、美國等地的災難，或捐金錢，或施輪椅，或濟糧米。尤其臺灣「九二一」震災後，認領重建的爽文、中科、坪林、富功等九所學校，煥然一新；佛光一村、二村、三村、四村，數百户的災民都能安住。看到學童有教室讀書，災民有房屋安居，不但自己歡喜，也可告慰全世界的佛光人了。

一年來，我們佛光人在海內外弘法的場數，至少在數萬次以上，臺灣各分會每天刊載於《人間福報》上的弘法活動就不知有多少，尤其是海外的弘法更是蓬勃。例如澳洲南天講堂的落成、墨爾本新成立的佛光緣美術館、卧龍崗市政府對南天寺的贈地、中天寺獲准擴建等。尤其世界有名的雪梨達令港在去年四月八日浴佛節時升起佛教教旗，此乃該港首度升起澳洲國旗以外的旗幟；國際佛光會青年總團部，號召來自世界二十六國千餘位代表，於馬來西亞召開「國際佛光會青年會議」，促進世界青年的交流。

佛光山柏林歐洲總部，以及西來大學與佛光山文教基金會聯合在臺北舉辦的「人間佛教學術研討會」，成就了多少探討「人間佛教」的論文，希望這許多文字般若的菩提種子，能在各地生根茁壯，開花結果，爲熱惱的世間帶來芬芳與清涼。

除此之外，我們也在世界各大學舉辦佛法講演，例如：美國加州大學、滿地可麥吉爾大學、新加坡國立大學、義安理工學院等，不僅我曾前往弘法，甚至佛光山的住持心定和尚及慧開、依空、依法、依昱等博士，更是到處弘法，因爲他們接受博士專業課程的訓練，能在各大學用英、日文講學，甚至巴西如來寺的覺誠法師，也曾應邀到南美洲最大的聖保羅大學以葡文講學，更是備受歡迎。

現在要告訴各位最關心的「佛陀紀念館」的興建情形，我們已獲得佛光山隔鄰的擎天神公司近四十公頃的土地，希望在三年內完成建築，未來不但能成爲臺灣的聖地，也將成爲臺灣的地標。

我們不僅回憶過去，更應展望未來，希望在新的一年裏，由慈容法師主持的佛教大學，能夠展開弘法結緣的成果；希望慈惠法師的護生圖書在各個學校能夠推廣；浄土文教基金會的慈莊法師在荷蘭興建的荷華寺、休士頓的中美寺、滿地可的華嚴寺等，都能爲世界各地點亮佛光。

最後，佛光山在二〇〇二年春節，配合壬午馬年，將以「馬」爲主題，透過空中軌道表達「馬到成功」及「迎春吉利」，届時歡迎大家來山禮佛賞燈。心中想要告訴大家的話，實在難以盡言，唯有祝福大家同結善緣

星雲　合十

二〇〇二年元月一日

二〇〇三年新春告白

恭賀新年，妙心吉祥！

一年容易又春風，送走了二〇〇一年的除夕，在二〇〇二年的春節開始，我一早起來，就忙著打電話，給臺灣的諸山長老，一是拜年，二是邀約他們農曆正月九日，到西安，迎接佛指舍利蒞臺供養。因爲國家宗教事務局給我函件「星雲牽頭，聯合迎請；共同供奉，絕對安全」。我遵照著這樣的原則，在兩天之內邀約了近百位長老，還有近兩百位的年輕比丘、比丘尼和護法信徒。

佛指舍利從西安蒞臺時，在臺北和高雄二地，夾道迎請的信衆就有五十萬人以上，爲方便全臺信衆瞻禮，在臺北體育館、臺灣三峽金光明寺、臺中體育館、南投中台山，一路設壇安奉；抵達高雄佛光山時，更吸引百萬人潮上山禮拜。尤其在高雄體育館恭送法會，十萬人通宵念佛，綿密不絕的佛聲，氣氛攝受感人，真可謂天人合一，我佛衆生成爲一體了。

此次佛指來臺，不僅促成臺灣佛教界大團結、大融和，也使兩岸人民建立了和睦友善的交流典範。如今回想，十年前的希望，以及一年多的籌備過程，雖然曲折艱辛，然而仰仗佛力加被，終也圓滿這件稀有盛事。

佛指舍利送回大陸後，四月初，我進入馬來西亞和新加坡，在各地會堂講演、皈依，感謝林玉麗會長、宋耀瑞團長等大力協助。後來我又前往日本，參加在東京舉行的「國際佛光會第九次會員代表大會」，我以「發心與發展」發表了主題演説。會後，有機會住進座落在富士山下、本棲湖邊的弘法道場，遂以「本棲寺」爲名。時值仲春，百花爭妍，美不勝收，我曾信筆寫下本棲偈「春有梅櫻秋楓葉，富士五湖映冬雪。若人能到本棲寺，自在解脱增福慧」。在這數月中，我於此舉行過男衆比丘講習會、女衆職事講習會，以及在全球讀書的

五十位佛光博碩士學生講習會、勝鬘書院，還有世界金剛會、世界婦女會、亞洲文學作家會議等，我希望更多的有緣人來此雲集，禪修、小住，淨化身心。

暑假期間，依法法師領導的四十三位來自哈佛、耶魯等世界名校的博、碩士，到本山參加「國際傑出青年生活營」，體驗叢林的修道生活；佛教國際化的希望，又邁進了一大步。

全球的佛光山派下道場，每年同步舉行佛誕節慶祝法會，同一時間，全世界就有百千萬人一同慶賀。像澳洲在依來法師與滿謙法師的努力下，布里斯本就有市長 Cr.Jim Soorley 等澳籍人士，超過十萬市民參與盛會，雪梨達令港也有逾七萬人參加。甚至連梵蒂岡，也致函表示天主教對佛誕的祝賀，賀函中表明，願與佛教共勉奉行道德生活，期以宗教之文化深耕社會。不久後，中天寺也獲得澳洲護旗協會的頒獎肯定。

再者，當「自由宗教聯盟」齊聚匈牙利時，在國際佛教促進會服務多年的覺門法師，由大會推選爲國際委員；我們創立的世界首座巴拉圭「中巴佛光康寧醫院」，亦將交由天主教會經營。由此，都能看到佛教國際化、本土化，以及宗教融和的成果。

佛光山叢林學院創辦四十年來，到今年止，外籍學生已占了比例的五分之二。去年拉達克的畢業生本文等，在山上已修學八年，被派到印度佛學院服務。我一向認爲佛教的弘化，應將眼光放至世界，所以九月時，本山又將徒衆慧在、覺瑋、妙士、侯怡萍（覺多法師）等人，送往美國攻讀博、碩士。另外有四位美國青年 Cliff Brown 等，也要他們入西來寺實習出家生活。天眼網路佛學院籌備工作已完成第一階段——天眼影像直播（www.ubou.org），希望對於佛教國際化和本土化能愈趨堅定。

去年七月，西來大學通過美國 WASC 認證，讓中國佛教在美創辦的第一所大學終於進入開花階段，這是中國人在美辦學的歷史新頁；而佛光、南華兩大學今年都能夠足額招生，且學生入學率百分之百，這些成果都應

貢獻給百萬興學的功德主們，聊慰本懷。

我深深感到，佛光可以普照、法水能夠長流，教育以外，文化方面的耕耘也功不可没。尤其世界各地的徒衆，紛紛將我的著作翻譯成各地文字出版，如《星雲法語》、《佛光菜根譚》、《一池落花兩樣情》、《佛法要義》、《佛教的真理》、《傳燈》、《星雲説偈》、《迷悟之間》等，這些化成各國語言的文字作品，順利地流入各國的社會民心。去年全世界最大的法蘭克福書展，就陳列我譯成德、英、法、韓、日、葡、西、俄、印度及斯里蘭卡文的一系列著作，其間最大的回響，莫若德國 Schirner Verlag 出版社與德國著名的宗教書籍 Kreuz 集團，都競邀授予版權；連白馬集團等出版社，也都積極爭取發行機會，我當然期望能豐富各地人民的精神生活，以盡微願。

二〇〇二年，是我弘法五十年的紀念年，此間，我在臺北「中山紀念館」與香港紅磡體育館講演不輟，有感文化的弘法工作，若不懂得求新求變，要讓上萬人專注聽講不易，所以，此次我運用敦煌變文中的講述、唱頌、梵唄三者合一的方式，以文學與音樂的饗宴，把傳統與現代融和，不僅獲得所有聽衆的讚許，更寫下了新的弘法里程碑。此外，「人間佛教」讀書會全球已達兩千餘會，足見佛教文化傳播的力量，威力遠大。

近來我亦發覺，傳播文化的使命，媒體扮演著舉足輕重的角色。爲響應社會大衆對媒體改革的呼聲，我囑咐《人間福報》永芸法師發起「媒體環保日，身心零汙染」的活動，我們呼籲媒體奉行「做好事、説好話、存好心」「三好」的運動，及「不色情、不暴力、不扭曲」「三不」的運動，希望喚起媒體自律，還給閱聽人一個乾淨的社會。

佛光衛視在去年十月一日，由董事長慈容法師正式更名爲「人間衛視」；以「年輕、教育、國際、公益」爲四大方向，希望未來與《人間福報》併步齊驅，一同爲傳播人間的真善美而努力。

本山、各别分院及事業團體，也紛紛傳來獲獎喜訊。如九十年度寺廟教會捐資興辦公益慈善及社會教化事業績優表揚大會，本山、蘭陽别院、花蓮月光寺、圓福寺等皆受殊榮；國際佛光會「中華總會」也在九十年度社會暨職業團體績優表彰大會上受到表彰，由吴伯雄先生代表領獎。

最近，位在臺灣三峽的金光明寺已開始啓用，未來是一座專屬信徒的佛教大學。南非南華寺大雄寶殿等工程，已近完成，未來必將成爲南非佛教的重鎮。即將安基的「佛陀紀念館」，業已規劃完成，尤其邀請了兩位世界級雕塑名家郭選昌教授和中興工程，參與此事，期能闢建出宗教與藝術融合的善美典範。

臺灣各地佛光山也成立文教中心，如福山寺爲中部地區的文教中心、南臺寺是臺南地區的文教中心、南屏别院爲高雄、屏東地區的文教中心、東華寺爲東部地區的文教中心，而金光明寺則是北部地區的文教中心，邀請大家同入文教法海，品味佛法的甘露。

去年八月，本山的玉佛樓由於電綫走火，蒙受祝融之災。誠感各地的關心與幫忙，大家的捐助實已足夠，切莫再以金錢佈施。如今修復工程已經持續進行，預計近日内，便能恢復過去的樣貌。

去年十一月，我在印尼棉蘭，由宗如法師安排的弘法，數千人聽講，皈依以外，蘇北省省長李查努丁先生約了六個宗教團體聯合歡宴，此一融和令我深受感動。後經馬來西亞邱民揚拿督安排之下，展開了爲期九日的中南半島慈善弘法之旅。此行的主要目的是代表國際佛光會及曹氏基金會，將一千五百輛輪椅捐贈給寮國（老撾）、柬埔寨、緬甸、越南及新加坡各個慈善機構，並拜訪當地的高層人士與佛教領袖，更爲我完成了四十年來一直希望能夠拜訪中南半島國家的心願。

寮國（老撾）、柬埔寨、緬甸及越南都是佛教國家，雖然各自擁有豐富傲人的世界文化資産，人民生活水準卻有待提升。如緬甸首都仰光市的雪默駝大金塔，環繞著這金碧輝煌、高聳雲霄的佛教聖地的是衣著樸素、

性情純真的緬甸人，從他們對佛陀虔誠的禮拜與祈願聲中，流露出來的是心靈對佛教無限的景仰與寄托，心中祈求的只有家人的平安，生活的順遂。另外，號稱塔城的蒲甘市，曾經擁有近七千座佛塔，在歷史的考驗與戰爭的破壞下，如今只剩兩千多座，當地人民更是只求生活溫飽。

名列世界七大奇觀之一的吳哥窟，據説動用了上萬名人工，耗費了三十七年的時間纔完成，是柬埔寨有史以來最雄偉壯觀的都城，但是柬埔寨在脱離了波爾布特的暴政之後，近年來又飽受内戰的摧殘，一切仍處在百廢待興的狀態下，民衆生活依舊困苦，有些甚至流落街頭，以乞討爲生。這許多駭人聽聞的歷史與街頭景象，和宮殿般的吳哥窟成了强烈的對比。

在拜訪了各國佛教領袖之後，我驚訝地發現南傳佛教普徧的貧窮，除了泰國以外的南傳國家，上百萬個出家人光是生活都很困難，更別説是給予他們完整的教育及訓練，令我不禁爲佛教人才的缺乏感到擔憂。其中印象最深刻的是緬甸那加來古寺的巴丹塔法師，他在寺内設立了一所佛學院，院中收養了一千三百多位平均年齡不到十二歲的沙彌和沙彌尼。

老法師盡其所能的給予這些孩子最完整的生活與教育，爲的只是能將他們培養成佛教人才及社會棟樑。看到這些天真無邪的孩子，老法師的慈悲與弘願使我深受感動，即刻捐贈一萬美元予佛學院，爲他們的將來盡一點綿薄之力。

我深信此次中南半島之旅爲南北傳佛教的融和跨出了一大步，將來更將以交換學生的方式促進交流及培養人才，以及設立語言中心等方向努力，以協助南傳佛教走入國際。

去年我提出四化的理念，即「僧信平等化，佛法人間化，生活書香化，寺院本土化」。今年我將再提出新四化的想法，即：「會務制度化，信仰專一化，活動藝文化，運用現代化」。希望未來在國際佛光會的會務上能走向完整的制度；佛光人的信仰能朝一師一道的精神精進學習；佛光事業的各項活動能朝文化面向上提升；弘法要以現代化的方式運用權宜。願大衆在今年共同勉勵。

人間無常，歲月如梭，生命的脚步不會稍息片刻。人生的變化，若有佛法信念的堅定無疑，便能夠突破萬難，穿越險境。我相信，雖然外在世界總有成住壞空，但人人内在的佛性依然常樂我浄。期許大衆在新的一年，抱著堅毅的佛教信念，懷著佛陀的慈悲願心，走向覺悟的智慧行道。祝福大家

妙心常樂

晝夜吉祥

星雲　合十

二〇〇三年元月一日

二〇〇四年新春告白

各位護法、朋友們：大家好！

春花秋月，冬去春來，二〇〇四年又降臨人間了。但是，世間的災難並未因爲大地春回而稍減；民衆對和平安樂的殷殷之望，也不曾隨著冬去春來而有所改變。

回首過去這一年中，在鶯飛草長的三月，我因突發性的「慢性膽囊炎」而住進臺北榮民總醫院急診室治療，承蒙副院長雷永耀先生爲我割除膽囊，從此我已是「無膽」之人，雖然生命去日無多，但在這個複雜的人間，還是「膽小」謹慎爲好。

在住院期中，病榻無聊，不斷聽到美伊戰爭已經開打的消息。偶爾打開電視，美伊兩國相互殺戮的畫面透過衛星傳來，之間夾雜著巴格達城的炮聲隆隆以及劃破夜空的火光，尤其民衆流離失所的逃亡慘狀，令人不勝欷歔。五月SARS流行，和平醫院的年輕護士和醫師們因公殉職，媒體的推波助瀾，惶惶不可終日，只有借佛光山封山一個月期間，每日足不出户，於室內或跑香、或課徒，早晚祈願全世界無災無難，民衆能夠安樂自在。

值得安慰的是，去年元月爲籌備多年的「佛陀紀念館」舉行安基典禮，總計五萬人以上參加。有人好奇，爲什麼要稱爲「安基」，而不叫「動土」或「破土」？因爲大地不需要我們動它、破它，尤其在這個舉世動蕩的時代，全世界的人都希望安定，取「安基」之意，即在於此。

也總有人要問：「佛陀紀念館」的建設花費多少？我們沒有恒産也沒有餘款，我們只有「心香」一瓣，奉獻給佛陀，希望佛陀加被給我們力量，增添我們的智慧，實踐我們的慈悲，建設我們的信仰。

「佛陀紀念館」安基典禮後，天主教單國璽樞機主教在真福山修建「社福園區修道院」，奠基典禮當天也邀請我參加。我即席捐出新臺幣五百萬元，分五年繳納，藉以聊表我對單樞機主教多年來的友誼。

這段時間，佛光山的建設工程也陸續進行，除了感謝吴伯雄居士把他中壢的老家捐出，作爲中壢佛光緣以外，還有臺灣三峽金光明寺的落成、彰化福山寺的重建，未來將成爲佛光山北、中部的本山；南部並有高屏地區的南屏别院、臺南市的南臺文教中心，正在著手興建中。海外則有紐西蘭北島佛光山的增建、美國休士頓中美寺、澳洲中天寺第二期工程的進行，以及巴西如來寺的落成。

其他如本山傳燈樓辦公室的規劃，南苑安養中心的籌建，以及鳳山、苗栗道場的興土，甚至大溪寶塔寺的發展。除了佛光山常住資源以外，我也像其他信徒一樣，對這些建設竭盡所有，以聊表心意，希望這些「寺院學校化」的建設，爲衆生帶來法身慧命的增長。

硬體的建設雖然耗資費時，總是有形有相可看，而無形的精神軟體建設就更加艱巨了。例如：永明、永進法師主持的《法藏文庫》出版；慈惠法師主導的《佛光大辭典》新版光碟與《阿含藏》的電子版發行，以及慧寬、永重法師負責的電腦資訊中心，讓全世界的佛光道場得以資訊互通，這都是無形的智慧之財。

「人間佛教」讀書會的推動，更是成果輝煌。讀書會由畢業於阿根廷大學的覺培法師負責，她在南華學館、光明學苑分别積極發展後，先後又與洪建全文教基金會，及《遠見》、《天下雜誌》的讀書會結盟合作，目前已發展出兩千多個「人間佛教」讀書會，徧及世界各大城市。

此外，慈容法師與張宗月總經理規劃的「人間衛視」舉辦了「人間有愛·仗義『書』財」活動，永芸法師主編的《人間福報》開辦了關懷系列活動等，同樣都是特别勞心費財的工作。所幸青年佛子的發心，都是非常熱忱，他們真是像冬陽一樣，希望能給予人間温暖，又像和風一般，但願爲人間帶來清涼。

在很多的困難之中，人事算是最難處理了。佛光大學龔鵬程校長，七月間因任期已滿而辭職，他的離職並非完全是為了殺羊和文字不當，還好由「中華佛光總會」趙麗雲副總會長繼任校長，其行政工作經驗之老練，對教育工作的熱忱，不愧曾為主持編譯館的「部長級」人物。

南華大學陳淼勝校長非常盡職，去年在「教育部」私立大學校院整體發展計畫評鑑七項審查中，獲得全面優等，為全臺唯一得到此項成績的私立大學；西來大學也在陳迺臣校長及古魯格教務長努力之下，已經加入美國西區聯盟大學，成為會員之一。普門中學校長葉明燦先生，除了成立女籃隊外，栽培的女子體操隊，也在臺灣比賽中，獲獎頻頻，目前正忙著擴建遷校之事宜。另外，佛光山叢林學院已由曾在澳洲南天寺擔任住持的滿謙法師繼任院長之職，他們都在教育工作崗位上，兢兢業業的盡心盡力。

感謝泰國朱拉隆功大學，頒發「教育行政」榮譽博士學位給我，承蒙大眾愛護，事實上這學位應由教界共同享有，我個人則願為世界佛教的團結再努力以赴。此外，智利的聖多瑪斯大學也頒給我「博愛和平」榮譽博士學位。我於十月初親往接受，發覺南美洲的智利不但風光秀麗，而且人民和善，我在那裏作了數場講演，深深感覺到智利的國家和人民都非常可愛。

我也到巴西去主持了國際佛光會理事會議，蒙巴西總統 Lula da Silva 親函問好，尤其聖保羅州聯邦員警總監 Dr. Francisco 跟我說：「巴西沒有巴西人，因為巴西主要都是外來移民，凡是住在巴西的，都是巴西人。」這段話讓我深受感動，我想到臺灣又何嘗不是如此。臺灣本來也沒有臺灣人，都是從中國各省渡海而來，尤其從明朝起連年戰爭，更是造成移民熱潮，直到今日總共湧進了兩千三百萬人口。他們都是「臺灣人」，但也都是「中國人」，彼此都是同胞手足，何必為了地理情結而造成人與人之間的對立，這對國家和人民來說，都非幸事。

臺灣在國際間的形勢，一向都很難拓展，因為臺灣和世界各國少有官方關係。去年八月，南美洲的尼加拉

瓜總統 Enrique Bolanos Geyer，以及瓜地馬拉總統 Alfonso Antonio Portillo Cabrera，他們相繼光臨佛光山訪問。甚至馬拉威總統夫人 Patricia Shanil Muluzi 在十月間特地親臨佛光山，感謝佛光山南華寺多年來經常到該國捐贈輪椅及從事慈善救濟活動。尤其去年國際佛光會已通過聯合國審查，正式加入「聯合國非政府組織」（NGO），這些成就都讓我們相信，透過佛教的因緣，更能方便、有利於從事民間交流。

去年是我到臺灣弘法屆滿五十週年，五六月間承弟子覺念及如常法師把我幾十年來的弘法照片，選出兩千張編印成《雲水三千》紀念影集。第一版印了五萬本，每本重達五公斤，分別送給參加「供僧法會」的信徒，以及學術、教育、文化等各界的學者、朋友們，這也表示把五十年來弘法行脚的法喜禪悅，和大家共同分享。

由於來臺弘法五十週年紀念，想起了五十年前在宜蘭成立佛教青年歌詠隊的情形，當時身為成員之一的慈惠法師，發起主辦「人間音緣——佛教歌曲發表會」。在短短的三個月期間，收到來自美國、加拿大、阿根廷、巴西、澳洲、日本、新加坡、菲律賓、馬來西亞等十幾個國家和地區，共有千餘名作曲家以法語、葡語、英語、日語等各種語言，創作三千多首作品參賽。從中我們選出了八十首入圍的歌曲，並由全球各地帶團來臺，分別在臺北「中山紀念館」、高雄文化中心、臺南藝術中心表演了十場，一時轟動臺灣內外，蔚為盛事。這是我多年提倡音樂弘法的志願，看到它終於開花結果，實是人生最大的欣慰與滿足。

此外，連續兩年在臺灣與香港舉辦梵唄唱頌講座，我將傳統講經與梵唄演唱作一結合發揚，從聽眾的主動熱烈參與，臺上臺下熱絡的互動，我也感到無限的歡喜。尤其吳伯雄伉儷、趙寧先生、丁守中先生、趙麗雲女士、黃書瑋伉儷等人，也都主動助唱。還有許多佛光會的檀講師在各地弘法，如趙翠慧一個人就講徧了全世界，真是法音宣流，佛光普照。

談到音樂弘法，感謝國寶級的音樂家溫金龍老師，花了三個月的時間，為我指導青年學生二胡演奏，未來

他們將配合樂器的演奏來弘揚佛法。另外，永富法師帶領佛光山梵唄讚頌團渡海到北京、上海表演，打破海峽兩岸宗教的隔閡。這是繼去年七月，應邀到廈門南普陀寺參加「海峽兩岸暨港澳佛教界爲降伏『非典』國泰民安世界和平祈福大法會」，以及十一月初，到揚州大明寺參加「鑒真大師東渡成功一二五〇年紀念大會」後，又增添一件兩岸佛教交流的盛事。

去年滿義法師將我歷年來在各地講演及座談會上的問題節錄，如《佛教對身心問題的看法》、《佛教對宗教之間的看法》、《佛教對婦女問題的看法》等，一一紀錄彙集成文，交由《普門學報》發表，希望這許多敝見微意，能獲得社會大眾的認同。未來將繼續針對自殺、安樂死、政治人權等問題整理發表，希望作爲現代佛教對社會人生的指南，能夠有益於現代人的心靈充實，以及精神境界的提升。

在學術交流上，我也和一些學者有所接觸，例如：美國的蘭卡斯特、古魯格，我國的方立天、樓宇烈、賴永海、陳兵、麻天祥、王雷泉、楊曾文、張新鷹、宣方，澳洲的 Ms. Leneen Forde AC（格里菲斯大學校長）、Prof. John Fien（格里菲斯大學生態館館長）、Prof. Swee-Hin Ton（格里菲斯大學多元文化宗教館館長），泰國的拉嘉拉達納莫里（朱拉隆功大學校委副主席）、德碩波（朱拉隆功大學校長），菲律賓的 Dr. Navirro-Rosita（中央大學校長）、Dr. Santos-Rosita（中央大學副校長），韓國的姜友邦（梨花大學教授）、鏡日法師（東國大學教授），日本的趙明濟（駒澤大學教授）、金繩初美（西南學院大學講師），巴西的 Dra. Marcia（聖保羅大學校董）、Noral Romcu Roccu（巴西利亞大學研究院院長），智利的 Sr. Gerardo Rocha（聖多瑪斯大學創辦人）、Sr. Anibal Vial Echeverria（聖多瑪斯大學校長）等人，彼此談說論道非常投緣。另外，世界華文作家協會到日本本棲寺舉辦「作家聯誼會」，也特別要我參加，與他們分享寫作的經驗。

去年我在各地講話，大多以「行佛」爲主題，因爲有感於佛教在歷史長河中的傳播，多以「信佛」、「求佛」爲口標，失去了「行佛」的力量，佛教對人間就減少了參與的動力。所以希望吾等佛教徒，都能「與時俱進」，大家帶著慈悲的心、懷著慈悲的精神，抱著廣大的慈悲願，以「行佛」爲志，那麼佛教未來的興隆，將指日可待。

佛光山舉辦的「二〇〇三年新春平安燈暨國際花藝特展」，在一個月展出期間，總共吸引了海內外百萬多人上山觀賞，受到極大的好評。事後彰化縣花壇鄉、宜蘭縣等地，也紛紛利用花藝展來發展觀光事業。今年二〇〇四年佛光山的花藝展，在心定和尚及慧傳法師的用心擘畫下，別出心裁，再創新意，除了靜態的花藝展之外，並利用自然的山水環境，再輔以現代的科技效果，希望增加動態之美，讓山水花藝來美化浄土，浄化人心。屆時也歡迎有緣人一起上山觀賞，希望從心靈的美化，繼而共同開創人間浄土，實踐「人間佛教」的最終目標。最後祝福大家

身心自在

法喜安樂

星雲　合十

二〇〇四年元月一日

二○○五年新春告白

各位護法、朋友們：大家好！

寒風漸暖，春光明媚，又是一個全新的開始。祈願世界和平，衆生安樂，同體和諧！

「歲月不待人」誠然不虛也！隨著年齡日益增長，我這色身亦隨之老邁，雙眼模糊，視力已不及以往。去年八月在美期間，右眼診斷出患有白内障，遂由羅嘉醫師爲我施行手術。其實，髮白齒摇是誰都不能避免的，然而保持年輕的心靈，拓展生命的厚度和寬度，卻是自己可以掌握的。因此我雖年近八十，仍四處雲遊度衆、弘法，希望奉獻此身，願衆生開啓心靈的明窗，照破心中晦暗，享受自在清涼。

有感於佛教徒落實「人間佛教」的力量仍顯不足，因此在二○○四年第十次國際佛光會世界大會上，我以「自覺與行佛」爲主題，提出「用自覺心升華自我，用本土化發展佛教，用新事業增廣净財，用大願力行佛所行」四點意見，希望藉此提升大家信仰的層次，並以此作爲佛教發展及個人修身度衆、待人處事的參考。

「三二○」大選後，社會大衆紛紛來電請我表示意見。爲讓臺灣這片土地能夠平静、和諧，沒有族羣紛争，我提出「大和解，救臺灣」的訴求，期望各黨各派、士農工商都能不念舊惡、不計前嫌、坦開心胸、各自讓步，同爲臺灣的未來及臺灣人民的福祉齊心努力。

另外，我更進一步提出「我對『世代交替』的看法」，以作爲機關團體，乃至政黨國家在經營與用人哲學上的參考，而佛光山更是樹立了「世代交替」的新典範：二○○四年「國際佛光會中華總會會員代表大會」上，心定和尚繼吴伯雄先生之後，當選爲「中華總會」總會長；九月中的佛光山宗務委員會召開會員大會，投票選出九位新任宗務委員，並推舉年齡剛届四十歲的慧瀚法師爲第七任宗長，可説實際體現了自由民主進行「世代交替」的真精神。

我深信，唯有讓年輕人及早出頭，未來纔有源源不絶的活力與希望；唯有及時「世代交替」纔能與時俱進、生生不息，身爲現代人應當深思啊！

去年六月，陳水扁先生召開「中華文化復興運動總會」，聘我爲宗教委員會的主任委員，我後來針對「宗教法」立法的相關内容和宗教界進行討論，我也建議重視宗教法立法宗旨及法案内容的可行性。在「寺院管理講習會」中，我更針對「宗教法」進行專題演説，提出宗教的負責人必須要具備宗教專業的學歷，更要重視佛教的財産能讓佛教法系人士繼承，讓宗教的發展趨於穩定，實際發揮宗教净化社會人心的功用。

佛教的信徒也應該有所規劃，因此我計畫訂定「檀家制度」，將信衆組合起來，以增加寺院的凝聚力，發揮更大的團結力用。

南北傳佛教交流的步履更爲踏實了！去年，與泰國副僧王頌德帕雅納汕瓦拉尊者，以及馬來西亞南傳首座達摩難陀長老，達成加强彼此交流、合作等問題的共識，泰國副僧王亦邀請本山妙慎法師至瑪古德大學教授大乘佛學。一月時，泰國僧王致贈本山一尊兩噸重的金佛，爲南北傳佛教融和開啓了一條新的管道。

我也分别與來訪的韓國曹溪宗總務院、東國大學、通度寺、海印寺、松廣寺，以及中央僧伽大學比丘尼本覺博士等會談。另外，大陸少林寺、白馬寺和香港中文大學等團體到佛光山訪問，會談中，雙方達成學術、寺務交流和語言學習的共識。我們唯有走出去，將佛教人間化、國際化及現代化，不分彼此，團結一心，未來在世界上，纔能更好地展現佛教净化人心的力量。

現在要報告各位的，音樂與佛教也一樣無國界之分。佛光山文教基金會所發起的「人間音緣」即是這樣一個理念的具體實踐。去年在臺北發表會上，有以葡萄牙語、南非祖魯族語、德語、法語、英語、韓語、泰語、

菲律賓語、印度語、華語等各種語言詮釋的佛曲。透過音樂這座橋樑，溝通、融和了世界各民族的友誼，在臺灣目前族羣對立的情勢下，這真不失爲一個正面的教育示範。

此外，佛光山梵唄讚頌團也聯絡了中國佛教協會所屬五大叢林、三大語系的梵音樂舞，在北京、上海、港澳、美加等地區巡迴演出，掀起梵唄音樂的高潮，一時聲聞中外。此舉不但擴大了佛教的影響，並且寫下了海峽兩岸佛教交流的新篇章。

除此，弘法與文化事業也創下了一些紀録：人間衛視於香港舉辦「全球華人文化經典誦讀觀摩大賽」，有千餘名兒童參加；馬來西亞佛光山東禪寺舉辦國際雙語「在家三皈五戒菩薩戒戒會」；柏林佛光山舉辦歐洲佛教史上首屆「短期出家修道會」；洛杉磯南灣首度舉行佛教唱頌講座；佛光山梵唄讚頌團在十月至十一月間前往美國內華達州、德州、密蘇里州、加拿大安大略省、魁北克省等地公演。

還有，心定和尚在波士頓哈佛大學及史密斯大學舉行兩場瑜伽焰口學術示範觀摩，有大學教授等近千人參與；澳洲南天寺首度舉辦漢傳三壇大戒，共有來自十六個國家和地區的戒子參加此次盛會；而巴黎、瑞典、柏林、阿根廷及美加等地的別分院，分別代表「佛光山文化事業」在這些地區參加當地舉辦的國際書展，增加佛教在國際的地位。

此外，《世界佛教美術圖説大辭典》、《佛光禪入門》第二版、《現代佛教人物辭典》、《迷悟之間》典藏版、《佛光菜根譚》第三、四集等，已陸續出版了；佛光山編藏處編輯「法藏文庫」中的《中國佛教學術論典》一一〇册已全部出齊；佛光山國際翻譯中心也將《星雲禪話》、《人間佛教的經證》等各種著作，分別譯成瑞典文、西班牙文、法文、葡萄牙文及韓文等，並出版發行。希望這些譯本能幫助當地的人士認識佛法。

文化影響人心的力量是長遠的，所以我們始終堅持「以文化弘揚佛法」，只願爲大衆打造一座法味徧佈的書香花園社會，豐富世人的精神生活。

佛光山教育事業的發展也是佳音頻傳，成果可觀：西來大學推出「遠距教學」方案，除西來大學的學生可現場聆聽講學外，舊金山 Froment 及 San Diego 西方寺，甚至加拿大温哥華等地的學生也能同步學習，此舉突破了地域的限制，讓教學更便利，覆蓋的地域更廣闊；佛光山叢林學院亦開展「易地教學」，以培養學生的國際視野、增加閲歷；還有「天眼佛學院」的網路教學，去年九月纔開辦，至今已有千人之多報名。同時，南華大學也與南美洲智利天主教聖多瑪斯大學諦盟成爲姐妹校。

「佛光山普門中學女子籃球隊」也於去年七月成立，由曾是奧林匹克運動會的韓國國手李亨淑小姐擔任教練；在臺中埔里創設的均頭中小學，也於九月舉行建校啓教典禮；彰化福山寺、臺中光明學院、蘭陽別院、嘉義圓福寺、臺灣三峽金光明寺等地區，陸續成立社區大學，讓佛光山辦的社會教育更爲普徧。佛光大學也於去年初遴選趙寧博士擔任新校長，慈容法師則應蘇州西園寺之邀，代表本山贈送《佛光大藏經》，並到揚州聾啞職校贈送建校基金。

印度、拉達克的畢業生如弘、如傳等九人，在去年年底返回印度，歷經八年的學習，終於學成歸國弘法，落實佛教本土化。另外，滿紀法師已獲得四川大學哲學系博士學位，滿耕、妙中、滿昇、覺旻也分別於北京大學、中國人民大學、南京大學、蘭州大學博士修畢，滿庭、覺冠、覺多、妙皇、覺舫也分別至廈門大學、復旦大學、清華大學、武漢大學及北京大學的博士班就學。

覺誠法師在巴西弘法有成，尤因創辦「如來之子」收容青少年就學、救濟貧困，獲巴西政府頒給 Cotia 市「榮譽市民獎」，爲巴西首次比丘尼獲獎；而妙慎法師也即將成爲泰國第一位被認可的比丘尼；永勝法師因慈悲喜捨，愛護鄉民，在花蓮吉安鄉獲頒「榮譽鄉民」。這種種皆讓我深感欣慰，佛光山這棵大樹已然枝葉繁盛、

花果纍纍了。

回顧我這一路走來，雖未受過正規的社會教育，卻有幸得到天主教及南北傳佛教大學的認可，接受他們頒發的榮譽博士學位。去年韓國東國大學及泰國瑪古德大學分別頒贈教育、哲學榮譽博士學位給我，美國內華達州拉斯維加斯 Oscar Goodman 市長及德州史丹佛 Leonard L. Scarcella 市長親自到臺灣，於國際佛光會世界會員代表大會中，分別致贈我榮譽市民。這些榮耀是大衆共同的成就，更代表著各方對佛教弘法事業的肯定，這些肯定更加强我對世界和平與人類福祉的使命感，唯有「將此身心奉塵刹」，方無負十方的護持、大衆的成就。

有一件有趣的往事，四十年前弘法，我被拒於臺灣大學門外，認爲佛教不可以進入大學校門。然而在去年，臺灣大學卻主動邀請我以「禪門的自覺教育」一題進行講演，深感因緣的變化，真是妙不可言。由佛光會發起在臺灣大學舉辦的「國際青年論壇」中，來自美國耶魯、哈佛、哥倫比亞等名校的國際青年六十餘人舉行「與世界接軌」的討論會，會議由我主持，更邀請高希均、趙寧兩位博士就議題發表意見，鼓勵青年學子，在思想和作爲上要能邁向國際，與世界接軌。

慈惠法師也應韓國全國比丘尼會之邀，在「佛陀的女兒——第八屆國際佛教婦女大會」開幕式中，主講「走出去，比丘尼」。確實，佛教需要「走出去」，未來纔有發展的契機，要落實自覺行佛，心靈纔能奮起飛揚。

去年年底，我分別在香港紅磡體育館、臺北「中山紀念館」以「生命·生死·生活」爲題，作一系列演講，爲「人間佛教」的內容注入了一些新的意見。除此，由奥地利政府主辦表揚對地球環保有功的人士，主辦單位專程派人邀請我到奥地利演説及頒獎，讓我有機會在歲末冬殘之時，再一次雲遊世界，從臺灣到美國、加拿大、德國、荷蘭、葡萄牙、奥地利的維也納等國弘法；更至感榮幸的，承蒙海南省的領導們以專機接送我，前往探看「佛教論壇」的建設，在那樣風雨彌漫的氣候中，感謝終能平安度過。

眼見大地將回春，不禁爲萬物對生命的執著有所感慨，經年黄葉又轉緑意，在枯榮迭替的深處，爲的是讓我們學習這種奮鬥的精神，和一份對生命的尊重與包容。祝福大家在新的一年裏，都能創造新的生命、新的未來！耑此 順頌

共生吉祥

星雲 合十

二〇〇五年元旦

二〇〇六年新春告白

各位護法、朋友們：

新的一年，祝福大家春來福到，歡喜滿門！

身處新春時分，回想去年元旦，我在臺北道場主持「百萬佛光人世界同步念佛祈福超薦法會」，祈願南亞海嘯亡者往生佛國，同時由臺灣、香港等地佛光人發動捐款五百萬元，協助印尼、斯里蘭卡、印度等地興建孤兒院、小學等，幫助災區重建，讓大家重建信心，知道活著就有希望，明白生存就是力量。

不幸，七月英國倫敦地鐵站、十月印尼峇里島，遭恐怖分子以炸彈攻擊，人心戰戰惶惶；八月底，美國又遭「卡翠娜」颶風侵襲，紐奧良市等地一夕之間成爲人間煉獄。在各地佛光人積極展開救災外，我更祈望世人能夠從天災人禍中，學習謙卑、包容，尊重自然、生靈，奉行「三好」運動，爲世界平和、地球平安齊心努力。

面對滿目瘡痍的地球，驚惶迷茫的衆生，總希望能給大家一些積極、開展、有益的觀念。因此，我針對社會諸多問題，於各大報發表看法，也接受《講義》、《讀者文摘》、《亞洲週刊》、香港鳳凰衛視等媒體採訪，針對生命、閱讀、兩岸關係、族羣和諧、世界和平等議題，提出個人淺見。於接受「臺灣乾淨選舉促進會」訪問時，提出了「選舉是選自己的人格與良心，不可被欺騙或誘惑。臺灣人民應擁有共同提升臺灣選舉的覺悟，並且要理性投下神聖的一票，臺灣纔能得救」等建言。

談到和諧與和平，去年四月，我應邀參加海南島「海峽兩岸佛教圓桌會議」時，提出佛教要「以共識來團結，以包容來統一，以會議來交流，以政策來整合」等建議，承蒙與會大衆的認同。十月，參加法鼓山文教基金會舉辦的「世界宗教領袖座談會」，我舉出「要達致世界和平，應先建立平等的觀念；要推動生態環保，應先重視生權的提升；要消除種族隔閡，應先發揚慈悲的精神；要體現共生智慧，應先提倡緣起的思想」四點意見，提供大家參考。另外在西來大學兩次的遠距教學課程，選擇佛教對家庭、管理、素食、環保、政治人權、戰爭與和平的看法等與年輕學子來作探討，雖是在美國發聲，收視的學生到達歐洲、南美、亞洲等地。

此外，去年九月在西來寺召開的「國際佛光會世界總會第四屆第一次理事會議」，會中計有來自倫敦、巴黎、柏林、雪梨、加拿大、巴西、日本、韓國、新馬等全球五大洲六百多位代表參加，決議各協會推薦各類專業會員人才及青年幹部，參與聯合國非政府組織（NGO）活動，期更深入國際爲全人類社會服務。會議期間，我爲佛光人立下「人生百事」，作爲大家修學戒定慧的標準。

在倥傯的行程中，依然與各界往來。去年初，和余秋雨先生進行文學座談。五月底，應邀參加單國璽樞機主教晉鐸五十週年慶，對單樞機主教我表示讚美與尊敬。而在四月時，得悉教宗若望保祿二世辭世，特致函梵蒂岡教廷，表達我及全球佛光人悼念之意。六月在上海驚聞印順長老圓寂的消息，九月韓國曹溪宗總務長法長法師忽而示寂，不禁感嘆「慧日衰落，法燈熄滅」！人身不易，大菩薩難求，悲慟之餘，仍盼這些菩薩乘願再來！

十一月，佛光山文教基金會舉辦三場「當東方遇上西方」對話，我與諾貝爾文學獎評審人馬悅然教授及瑞典漢學家羅多弼教授，分別就「佛教與中國文學」、「佛教與世界和平」議題，在高希均和柴松林教授主持下進行交流；十二月，也與文學家白先勇先生就「佛教與文學」在臺北道場對社會作公開探討。

我與慈容、永富法師帶領的佛光山梵唄讚頌團，於十一月初受邀參加浙江省「普陀山南海觀音文化季」活動，並應杭州市佛教協會邀請參加「海峽兩岸迎請佛螺髻髮舍利供奉法會」，又至南京爲抗戰勝利六十週年死難同胞主持祈福法會，當晚梵唄讚頌團也爲紀念音樂會演出。藉由此次海峽兩岸佛教音樂會，對促進兩岸人民

溝通與交流，及共創和諧世界，都將發揮重要作用。

佛光山世代交替再次樹立了民主典範。去年「佛光山第七任住持晉山陞座典禮」新任住持心培和尚從心定和尚手中接下法卷、袈裟等信物，在各國家和地區嘉賓、信衆代表五千人的見證下移交。承蒙高雄縣長楊秋興、天主教單國璽、一貫道蕭家振、韓國通度寺住持玄門法師、泰國法身寺住持 Phra Bhavanaviriyakhun、日本高野山大學校長生井智紹等人前來祝福，增添殊榮。而協助心培和尚的都監院院長仍由慧傳法師擔任。

更教人欣喜的是，書記室的弟子滿義法師將我散落各處的「人間佛教」思想，與佛光山將「人間佛教」理念具體化的佛教事業詳實紀錄、彙整，撰成《星雲模式的人間佛教》一書，由天下文化出版，簡體版也分別在大陸以及馬來西亞、新加坡等地發行。此書一出，即獲各界好評，讓社會大衆對「人間佛教」，乃至佛光山有更深廣更厚實的瞭解。

佛光山文教基金會與香港中文大學合作設立「人間佛教研究中心」；五月份美國國會圖書館正式將「佛光山教團」與我逾五十餘本翻譯書，在國會圖書分類法下，設立單獨號碼，並將「人間佛教」與「佛光山教團」正式編入國會圖書館主體標目。

全美最大非營利獨立出版社經銷組織 Publisher Marketing Association，無條件經銷佛光山國際翻譯中心翻譯的《Cloud and Water》（《星雲說偈》）、《Handing Down the Light》（《傳燈》）入圍全美圖書大展傳記類獎項，《Living Affinity》（《佛教與生活》）則榮獲美國「二〇〇四年最佳心靈書籍——心靈健康大獎」。香海文化出版慈惠法師於《人間福報》連載的《古今譚》、心定和尚的《禪定與智慧》，依空法師出版《一字禪》、永芸法師的《哈佛燕京的沈思》、永本法師的《天台小止觀》；佛光文化則出版《禪藏》、《佛光教科書》光碟版及《禪門語錄》。此外泰籍妙慎、加籍妙西、印尼籍覺燈、越籍慧福等徒衆學生也翻譯各種語言著作，藉由文字出版，讓甘露法水徧灑世間。

另外，泰國皇家編譯部即將編譯《世界宗教泰英辭典》，將《佛光大辭典》列爲主要參考資料，受邀皇家學者中，妙慎法師與法系耀康法師皆參與工作。佛光文化出版的《東塔初祖懷素大師》，榮獲「行政院新聞局」第二十九屆金鼎獎「最佳漫畫書獎」。人間衛視經閱聽人監督媒體聯盟，於七月公佈評鑑獲評爲全臺唯一優良頻道。四十年來，佛光山弘揚「人間佛教」，已落實於世界各地。

國際弘法新頁上，十月，佛光山與哥倫比亞大學宗教系合辦瑜伽焰口法會，是首次在紐約曼哈頓基督教堂舉行的佛教法會，由慧濟法師前往主持。南美洲也舉行首場「百萬人興學——瑜伽焰口法會」，澳洲國會大廈所舉行的「佛教浴佛聯合慶祝典禮」，爲佛教首次登上澳洲及英語系國家殿堂。去年「人間音緣徵曲比賽」，有來自雪梨的天主教修女參賽、非洲祖魯族、巴西「如來之子」、新加坡、馬來西亞等青少年的表演；澳、紐青年分團，在紐西蘭基督城演出「二〇〇五年澳紐人間音緣——浩瀚星雲」音樂劇，將人間音緣以不同的藝術形式呈現，受到當地的大衆肯定。

南非南華寺也首度以佛法輔導進入當地各監獄所。輪椅捐贈則自一九九八年開始，徧及剛果、馬拉威、坦桑尼亞等十五個國家，至今達九千七百多臺；巴拉圭協會自一九九七年以來，業已達三千臺。

教育方面，五月，西來大學與智利 Santo Tomas 大學締結爲姊妹大學；七月，巴西如來佛學院栽培出首批菩提生力軍。心定和尚榮獲泰國朱拉隆功佛教大學榮譽博士學位，慈惠、慈容法師分別當選「教育部」主辦的「教育百人團灌溉臺灣計畫」，藝文創作類與族羣融和類的特獎殊榮。

七月，我在屏東瑪家鄉成立島內第一座臺灣少數民族兒童圖書館。人間衛視首先捐出「人間有愛·仗義書財」活動中所募得的淨款，我也捐贈兩百萬元補助，並致贈《高僧漫畫》、《百喻經圖畫書》等書；屏東講堂和溝通與交流，及共創和諧世界，都將發揮重要作用。

佛光山世代交替再次樹立了民主典範。去年「佛光山第七任住持晉山陞座典禮」，新任住持心培和尚從心定和尚手中接下法卷、象徵等信物，在各國家和地區嘉賓、信眾代表五千人的見證下移交。承蒙高雄縣長楊秋興、天主教單國璽、一貫道蕭家振、韓國通度寺住持玄門法師、泰國法身寺住持 Phra Bhavanaviriyakhun、日本高野山大學校長生井智紹等人前來祝福，增添殊榮。而協助心培和尚的都監院院長仍由慧傳法師擔任。

更教人欣喜的是，書記室的弟子滿義法師將我散落各處的「人間佛教」思想，與佛光山將「人間佛教」理念具體化的佛教事業詳實紀錄，彙整，撰成《星雲模式的人間佛教》一書，由天下文化出版，簡體版也分別在大陸以及馬來西亞、新加坡等地發行。此書一出，即獲各界好評，讓社會大眾對「人間佛教」，乃至佛光山有更深廣更厚實的瞭解。

佛光山文教基金會與香港中文大學合作設立「人間佛教研究中心」；五月份美國國會圖書館正式將「佛光山教團」與我逾五十餘本翻譯書，在國會圖書分類法下，設立單獨號碼，並將「人間佛教」與「佛光山教團」正式編入國會圖書館主體標目。

全美最大非營利獨立出版社經銷組織 Publisher Marketing Association，無條件經銷佛光山國際翻譯中心翻譯的《Cloud and Water》（《星雲說偈》）、《Handing Down the Light》（《傳燈》）入圍全美圖書大展傳記類獎項，《Living Affinity》（《佛教與生活》）則榮獲美國「二〇〇四年最佳心靈書籍——心靈健康大獎」。香海文化出版慈惠法師於《人間福報》連載的《古今譚》、心定和尚的《禪定與智慧》、依空法師出版《一字禪》、永芸法師的《活佛燕京的法思》、永本法師的《天台小止觀》；佛光文化則出版《禪藏》、《佛光教科書》光碟版及《禪門語錄》。此外泰籍妙慎、加籍妙西、印尼籍覺燈、越籍慧福等徒眾學生也翻譯各種語言著作，藉由文字出版，讓

甘露法水遍灑世間。

另外，泰國皇家編譯部即將編譯《世界宗教泰英辭典》，將《佛光大辭典》列為主要參考資料，受邀皇家學者中，妙慎法師與法系耀康法師皆參與工作。佛光文化出版的《東塔初祖懷素大師》，榮獲「行政院新聞局」第二十九屆金鼎獎「最佳漫畫書獎」。人間衛視經閱聽人監督媒體聯盟，於七月公佈評鑑獲評為全臺唯一優良頻道。四十年來，佛光山弘揚「人間佛教」，已落實於世界各地。

國際弘法新頁上，十月，佛光山與哥倫比亞大學宗教系合辦瑜伽焰口法會，是首次在紐約曼哈頓基督教堂舉行的佛教法會，由慧濟法師前往主持。南美洲也舉行首場「百萬人興學——瑜伽焰口法會」，澳洲國會大廈所舉行的「佛教浴佛聯合慶祝典禮」，為佛教首次登上澳洲及英語系國家殿堂。去年「人間音緣徵曲比賽」，有來自雪梨的天主教修女參賽，非洲祖魯族、巴西「如來之子」、新加坡、馬來西亞等青少年的表演，澳、紐青年分團，在紐西蘭基督城演出「二〇〇五年澳紐人間音緣——浩瀚星雲」音樂劇，將人間音緣以不同的藝術形式呈現，受到當地的大眾肯定。

南非南華寺也首度以佛法輔導進入當地各監獄所。輪椅捐贈則自一九九八年開始，遍及剛果、馬拉威、坦桑尼亞等十五個國家，至今達九千七百多臺；巴拉圭協會自一九九七年以來，業已達三千臺。

教育方面，五月，西來大學與智利 Santo Tomas 大學締結為姊妹大學；七月，巴西如來佛學院栽培出首批菩提生力軍。心定和尚榮獲泰國朱拉隆功佛教大學榮譽博士學位，慈惠、慈容法師分別當選「教育部」主辦的「教育百人團灌溉臺灣計畫」，藝文創作類與族群融和類的特殊獎殊榮。

七月，我在屏東瑪家鄉成立島內第一座臺灣少數民族兒童圖書館。人間衛視首先播出「人間有愛·扶義書院」活動中所募得的善款，我也捐贈兩百萬元補助，並致贈《高僧漫畫》、《百喻經圖畫書》等書；屏東講堂和

潮州講堂各捐贈五十萬元，作爲圖書館藏書和經費。大家對臺灣少數民族兒童的閱讀及教育，盡一分心力。

各地的建設工程：南非南華寺大雄寶殿、馬來西亞南方寺落成；新加坡佛光山、黃金海岸世界佛學研究中心、日内瓦國際佛教會議中心安基了。南天寺建寺十週年，澳洲 Qantas 航空公司以「世界性之都——卧龍崗」爲題介紹南天寺。此外，《世界日報》將西來寺定位爲哈仙達崗的「地標」。紐西蘭 Manukau 區政府推薦北島佛光山，爲當地最值得旅遊之景點。更重要的，「佛陀紀念館」正進行雜項工程設施，感謝震旦集團董事長陳永泰與夫人陳白玉葉，將收藏了二十年的一百二十五件地宫文物贈予佛光山「佛陀紀念館」，讓這批文物得以世代傳承，受後人瞻仰。

到二〇〇六年，佛光山在人間徒步四十年，以文化、教育、慈善、共修爲衆生做佛事，祈願社會圓滿悲智，人間處處浄土。今年因係佛光山開山四十週年，在住持心培和尚暨新任宗委慈容、慧傳、依空、慧寬、慧昭、滿謙、覺培法師及黄美華師姑帶領全山大衆下，將舉辦一系列活動。届時歡迎大家共逢盛會，祈望佛光人四衆弟子繼續發光，光照娑婆大千；繼續發心，心暖無量有情。携手共創人間的佛教歷史。耑此　順頌

四序如意

六時吉祥

星雲　合十

二〇〇六年元月一日

二〇〇七年新春告白

各位護法、朋友們：

祝福大家春來福到，諸事圓滿！

秋落冬至，冬盡春來，佛光山在時序更替間，已步入不惑之年。歷經四十個寒暑，漫山的麻竹和種種樹木，已成長可觀；巍巍的殿堂，也已成爲人間道場了。我在二〇〇七年的元旦，回首來時路，開山、傳法、退位、封山、興學、辦報、開辦電視臺、安僧度衆、雲遊弘法……點點滴滴的往事，就像在人間刻劃的地圖，祈願有情衆生在娑婆世界有個依歸。

昨年，佛光山開山四十週年在「佛光山平安燈會」、「佛光山碩博士弟子跨年第一次聯誼會」中展開，同時舉辦「阿福迎春——惠山泥人特展」，爲開春點染不少文教色彩；接著在三月底舉行四十九天的「僧信二衆精進禪七、佛七」，和爲期一整年的「朝山禮佛修持活動」，從五月十六日至今，已超過百萬人來山朝拜了。回想開山之初，爲了鼓勵信衆到佛光山禮佛，發起「朝山團」，接引許多信徒歡喜來山。漸漸地，「佛光山」這個名號，在大家奔走相告下走向社會、走向國際，進而開展出多元化的弘法事業。悠悠時光，不覺四十年了。

爲了慶祝這個殊勝的日子，先後舉辦了「國際自由宗教聯盟大會」、「國際自由宗教聯盟婦女會」、「世界佛教徒友誼會」、「世佛青暨佛教青年領導人講習會」、「世界佛教大學會議」、「世界童軍宗教會議」等。而國際佛光會二〇〇六年亞洲聯誼會議、國際青年會議、世界會員代表大會，也相繼分別在佛光山、臺北小巨蛋體育館舉行。其中，我並以《化世與益人》發表主題演說，期許佛光人以四點：一、自覺健全；二、發心動力；三、隨衆參與；四、菩提願力，勉勵與會大衆參與化世益人。

去年三月，我受邀到有千年學府之稱的湖南嶽麓書院，在霏霏煙雨中，以「中國文化與五乘佛法」作了一場講座。之後，也到輔英、輔仁、「中央」、臺北等大學講話。就在四月初，我不慎跌斷了三根肋骨，感謝各方對我傷勢的關注，雖然已是耄耋之年，仍抱著「永不退票」的信念，按照既定行程，應邀前往浙江杭州參加首屆「世界佛教論壇」，並以「如何建設和諧社會」爲題講說，只盼爲未來宗教、文化、種族和諧共融的美好願景，盡一點力量。

之後，各種因緣不斷，促使我弘講的脚步未曾停歇。我遠赴歐洲至瑞典斯德哥爾摩大學、瑞士蘇黎世聯邦理工大學及日內瓦聯合國國際會議中心講「融和與和平」。而各宗教儘管信仰不同，但重視和平、力求和諧的心卻是相同的，因此我也前往梵蒂岡聖伯多祿大教堂，與教宗本篤十六世會晤，希望能增進佛教與天主教相互的瞭解與合作，透過交流，凝聚彼此的共識，爲實現和平和諧的理念而努力。

我也在印度奧士馬尼亞大學（Osmania）、德里大學（Delhi）講演，在美國西來大學以遠距教學方式，爲世界各地的學生及信徒探討佛教對「社會問題」、「倫理問題」、「族羣問題」、「喪葬習俗」、「宇宙人生」的看法，並講說《般若心經》。接著又轉往香港中文大學、理工大學、香港大學及中山大學等。透過遠距視訊、電視轉播，世界各地佛光人一齊聞法、皈依，科技的進步，確實讓地球村的理想更進一步了。

十月中旬，在我的主治大夫江志桓主任陪同下，帶著心律不整和有心臟衰老之虞的色身，飛往印度海德拉巴市（Hyderabad）主持皈依典禮。因爲印度出生了倡導平等思想的佛陀、大乘佛教的發起人龍樹菩薩，和積極發揚平等精神的安貝卡博士。爲了印度佛教的未來，我不禁勉勵大衆，共同學習佛菩薩「偉大」的精神，勇敢走出種姓制度的桎梏。

二〇〇六年底，藉著由滿蓮法師在香港紅磡體育館舉辦我講說二十年的因緣，我與大家探討「人間佛教

的戒學」、「人間佛教的定學」、「人間佛教的慧學」，只希望未來在「三法印」的印證下，點燃起戒、定、慧三學的火炬，以佛法來普照世間，爲人間建立起一片清淨安樂的淨土。而在臺北「中山紀念館」圓滿三十年佛學講座之際，我也分別與亞都麗緻總裁嚴長壽先生談「管事與管人」，與單國璽樞機主教談「當基督遇見佛陀」，與臺北市長馬英九談「出世與入世之融和」，由李紀珠、柴松林、高希均教授等主持，並請吳伯雄先生爲總主席。

佛光山於世界各地的傳教事業馬不停蹄，道場的建設、文教推動也是日以繼夜。

東京佛光山寺和巴黎佛光山舉行道場安基、奠基典禮；建寺七年的紐西蘭北島佛光山業已圓滿，舉行了供僧道糧法會暨玉佛安座典禮；馬來西亞佛光山關丹禪淨中心、佛光山日內瓦國際會議中心落成；日本福岡佛光緣更名爲「福岡佛光山寺」；臺南南臺別院、高雄南屏別院、宜蘭礁溪會館、鳳山講堂等，都將正式啓用；本山鑄造了「佛光和平鐘」，並於藍毘尼園旁建造鐘塔。

西來大學去年正式成爲美國西區大學聯盟（WASC）會員，感謝蘭卡斯特校長（Lewis R. Lancaster）和教務長古魯格教授（Ananda Guruge）多年來的貢獻。佛光大學校長由前「國科會」主委、成功大學校長翁政義教授擔任。此外，「教育部」核准佛光大學增設「理工學院」、「佛教學院」，將佛教教育正式納入高等教育體系，並授予宗教學位；南華大學也獲得了「教育部」評鑑優等。普門中學新校區舉行安基開工典禮，在臺東日光寺旁，也將籌設「均一中小學」。

文化院永明、永進兩位法師出版的《佛光山靈感錄》，激勵了許許多多信徒奮勇精進的信心；香海文化蔡孟樺小姐出版了《書香味》十冊，以及慈惠法師撰寫的《古今譚》六冊、妙蘊法師編纂的《奇人妙事》十冊等；廖文瑜小姐製作的「佛國之旅」節目，於東森、TVBS、人間衛視等電視臺播出，並獲得今年的金鐘獎。爲

了慶祝佛光山開山四十週年，天下文化特別編輯出版《星雲八十》及符芝瑛小姐執筆的《雲水日月》，雖說是我一生傳記，但更是數十年來全體佛光人信眾，跟隨我一起化世益人的共同紀錄！去年，佛光山的喜訊頻傳：《人間福報》登上「中華」、澳門、遠東、復興航空；「人間音緣」舉辦至今第五年，走進了社區、電臺、監獄、大專院校、發行CD，趁此好因好緣，佛光山成立「人間音緣梵樂團」，由王正平博士、溫金龍先生等教授指導。期望以音聲宣揚佛法，度化有情。

「行政院大陸委員會」「第六屆兩岸專業交流績優團體」評選，佛光山文教基金會和人間衛視分別榮獲「藝文、學術、教育類」獎項；「中華總會」榮獲「內政部」頒發的「社會優等團體獎」；蘭陽別院、圓福寺、福山寺等，也被「內政部」選爲績優宗教團體；普門中學女子體操隊獲得全臺團體亞軍等，女籃隊也打入全臺高中聯賽，打敗了臺北第一女子中學。

非常慚愧，我一生不善書法，卻有因緣到湖南省博物館、香港中央圖書館等地舉辦「覺有情」墨跡世界巡迴展。我希望大家不要看我的字，而是看我的心，藉由墨跡，表達對護法大眾衷心的祝福與感謝。

另外，感謝澳洲格里菲斯大學和臺灣「輔仁大學」頒授榮譽博士學位和名譽法學博士學位給我；香港鳳凰衛視在十週年時，頒給我「鳳凰大獎」；而世界華文作家協會、美國共和黨亞裔總部、「中國文藝協會」也頒予「終身成就獎」、「傑出成就獎」和「文化貢獻獎」。對於這些虛榮，不禁感到三寶的加持、信眾的護法，我何德何能，幸蒙各界人士的肯定與厚愛，這是因爲大家的助緣，纔顯出個人的成就。

除此，本山徒眾慈惠法師榮獲「中國文藝協會」「文藝工作獎」；慈容法師獲「教育部」頒發的「教育百人團灌溉臺灣計畫績優獎」；心定和尚得到「公益獎」；依法法師獲得聯合國「和平與宗教教育獎」；依來法師獲得澳洲政府頒贈的「文化貢獻獎」；滿信法師被澳洲政府委任爲「太平紳士」；覺善法師也獲得「澳洲國慶節社

區貢獻奬」；妙西法師獲得洛杉磯州政府頒予參與社區救濟積極有功奬；慧開法師和覺培法師則得到「教育部」頒贈的「社會教育有功奬」等。眼看佛光山爲社會肯定獲得各界奬章，真爲四十年來護持佛光山的人祝福與歡喜。

回憶我這一生八十歲以來，六十載弘法，「爲了佛教」我於叢林參學，一襲袈裟僕僕風塵，雲遊世界行脚度衆，雲水三千講經説法，但求執起盞盞法燈，步步化作清蓮，同與有情圓滿悲智，祈願人間處處都是淨土，個個都是諸上善人。

如今，我已垂垂老矣！工作了六十年，我未曾有過一天的假期，也自覺有精進的性格，自詡人生已有超過「三百歲」的價值。去年八月，在接受媒體採訪時，我正式宣佈二〇〇七年做一次世界巡迴後，二〇〇八年起「封人」，不再作大型公開性的演講，將專心閲讀、寫作、課徒、隨緣開示。當然，「繼續辦教育」始終是我不曾改變的初衷。所謂「做一日和尚，撞一日鐘」，期盼大家繼續護教護法，弘揚「人間佛教」。在此初歲回春時節，謹祝福各位

諸事圓滿

一切吉祥

星雲　合十

二〇〇七年元旦

二〇〇八年新春告白

各位護法、朋友們：新春好！

自前年宣佈「封人」後，我的弘法歲月並未休息，依然在推動教育、閱讀寫作、課徒開示、復興祖庭，及宣揚「人間佛教」中，一心建立善美淨化的地球，而不敢有片刻的懈怠。年月忽忽地過了，轉眼間，又屆臘梅吐香的歲末年初，我衷心祈願祝福，新的一年，各位護法、朋友們，「子德芬芳」，「衆緣和諧」。

我一生歡喜做個「不請之友」。這一年來，佛光山各别分院舉行法會，我無不歡喜前往爲信衆開示修持法要，只是對於一些會議及大型講座，我已不再參與了。雲遊世界各道場，爲徒衆指導臘八粥的料理方法，「以粥代茶」，聊表佛門對世人的一份感謝之情。美術館、滴水坊、社區大學的未來發展，我秉持的是「給」的人生哲學，給得越多，擁有的世界會更廣闊。針對佛光會和寺院在當代扮演的弘法角色，我提出活動設計要多元化，傳教者必須要有接引信徒的熱心。對讀書閱讀研討會、學術論文發表會、碩博士座談會的學員大衆，我提出「培育人才」的重要，並希望人人養成閱讀習慣，因爲，新世紀的新時代潮流，則是建立在「知識力」，閱讀與知識，是應世無礙的妙方。

佛光會成立十六年之際，我用「過得歡喜，行得正派，活得自在，身心平安」這十六字箴言，勉勵全球佛光人，從生活中體證佛法；在三峽博物館、重慶華巖寺四川佛學院，講説「生命的密碼」及「以忍爲力」；以「鳳凰衛視與佛光山的因緣」、「心的管理」、「包容的人生哲學」、「和諧社會」等題，與鳳凰衛視劉長樂總裁進行對談。當代社會問題雖然層出不窮，但終究是人的貪嗔癡所致，佛法的「諸惡莫作，衆善奉行」，自我淨化欲望，是永不變易的人類的安身之道。隨緣講演，隨喜開示，不論語言、文字乃至我的題字等等，不過是我對佛法至誠懇切的信仰歷程，經過歲月的淬鍊，成爲少分的心得，希望這點心意，能夠有助於人類心靈的開拓。

去年六月，在旅美企業家趙元修、辜懷箴夫婦的熱心介紹下，我到美國明尼蘇達州梅約醫療中心進行身體檢查。十天的診療中，這裏的和諧、謙讓與親切，使我深受感動，不禁寫下《梅約醫療中心檢查記》一文，記録這裏的所見所聞，並刊載於《講義》雜誌。

二十一世紀是地球村的世紀，宗教之間更應彼此交流，和平共處。由於我是宗教委員會的主委，負責臺灣宗教界的聯誼工作，所以去年元旦夜，由基督教主辦、十二個宗教團體承辦的「二〇〇七年尊重與關懷音樂祈福大會」，高雄市政府舉辦的「跨宗教座談會」，以及董氏基金會邀請七大宗教團體，針對「自殺防治」進行座談等，共同爲人類的未來尋求希望、和平與愛，這樣的交流合作是令人可喜的。

位在臺南的南臺别院、日本的首座别院「宗教法人臨濟宗東京佛光山寺」、紐西蘭北島佛光山及南島佛光山、澳洲中天寺天界寶塔相繼落成啓用後，歷經兩年多建設，揚州鑒真圖書館就在開春元旦這一天開館了。未來，我們更計畫在黄金海岸設立「世界佛教研究中心」，以促進佛學的研究、宗教的和諧爲目標。

我在澳洲主持三皈五戒典禮期間，緬甸傳來佛教僧侶遭受傷害的不幸事件。他們走出寺廟，代表民衆闡發對自由的心聲；他們用平和的静坐，希望唤醒國家的進步。遺憾的是，象徵大悲大勇的僧袍卻遭暴力的血腥。武力是不能爲世界帶來和平的，我們虔誠向佛陀祈願：支持緬甸僧侶，祝福緬甸僧侶。

歷史上，佛教從不以武力屈服世人，佛教是用和諧包容，用慈悲、用愛心，讓人們歡喜信受。寺院的晨鐘，皆是聲聲祈願「干戈永息，甲馬休征」。鐘聲揚十萬億佛土，願洪鐘陣陣，爲三千法界衆生帶來無有恐懼的和平。

唐人張繼一首《楓橋夜泊》，使得寒山寺的鐘聲響徹國際；如今，寒山鐘聲更遠傳臺灣。承蒙蘇州寒山寺

性空長老與秋爽方丈厚愛，將二〇〇六年重鑄仿唐古鐘「和合鐘」的其中一口鐘，贈予佛光山，並永結兩寺和合之好，締結爲兄弟寺。爲此，特於林口體育館舉行一場「和平鐘聲到臺灣——兩岸和平迴向法會」，萬人念念祝禱兩岸的未來，同時揚起和平的鐘聲，不要發生讓民衆恐怖的爭戰。

國家宗教事務局葉小文局長以「一彎淺水月同天，兩岸鄉愁夜難眠；莫道佛光千里遠，兄弟和合鐘相連」，我也以「兩岸塵緣如夢幻，骨肉至親不往還；蘇州古剎寒山寺，和平鐘聲到臺灣」一偈，表達對這段善因好緣的感想。

佛光山在二〇〇七年，還有值得一提的各地好事：國際佛光會「中華總會」與韓國曹溪宗中央信徒會，締結兄弟會；佛光大學與日本大谷大學結盟，簽訂「學術交流合作」協定；普門中學與遠東科技大學，締結爲教育夥伴策略聯盟。普門中學女子體操隊，榮獲全臺運動會團體組成隊冠軍；紐西蘭南島佛光山榮獲紐西蘭國家級建築大獎和環保綠建築獎；中天寺爲布里斯本旅遊導覽 Day Trip Secrets Brisbane，列入廣受歡迎的參拜勝地。「人間佛教」從臺灣本土傳播到世界各地，今年是收穫滿滿的一年。南華寺舉辦一場非洲史上首次集體佛化婚禮，日內瓦會議中心首次舉辦八關齋戒，印度加爾各答禪浄中心的佛誕節雲水佛車浴佛法會，重現佛陀打破封建種姓制度，讓人人都有領納佛法的平等權利。二〇〇八北京奧運聖火傳到了荷蘭荷華寺；世界佛光青年團由團長慧傳法師領導，在瑞士聯合國會議廳舉行大會。這些歷史的創舉，背後都是無數佛光人長年耕耘，所展現的輝煌成果。

針對全球性普徧的社會問題，國際佛光會及佛光山全球各道場進行了一系列響應「世界環保日」活動，諸如浄灘、植樹造林、環保體驗營、節能節約的新生活等；歐洲發起「國際兒童繪畫比賽」，以響應「國際消除貧窮紀念日」，將關懷人羣及慈悲理念根植兒童心靈。甫成立的大專院校香海社團，規劃「愛心『菲』揚」、「記録臺灣·認識自己」公益旅行活動，教導年輕朋友深入民間疾苦，體認貧窮，並從中感恩這一切所有的幸福。

還有，數十年來不曾停步的「佛光山歲末新春敦親睦鄰」活動，慈悲基金會推動的「高雄市新移民家庭健康篩檢」計畫，倫敦佛光山舉行的「全歐首座佛教團體舉行關懷街頭流浪漢祈福會」，佛光會舉辦的「助念講習會」、「全臺親師教育巡迴研討會——家庭與學校」，南華大學舉辦的「少子化現象對高等教育之衝擊與招生因應策略研討會」，人間大學、亞洲大學心理系聯合發起的「宗教諮商實驗室」等等，這些社會教化的活動，體現佛教關懷人羣的「行佛」精神。

因應時代趨勢，佛光山著手建構行政資訊e化，爲信徒提供更完善的服務，佛光山全球資訊網每年瀏覽人次超過五百萬人次以上，每日提供即時「佛光新聞」、網路抄經、祈福、早晚課等，讓網路成爲修學佛法的道場；《人間福報》推出週末版，爲社會大衆設計豐富具深度的人文議題；「人間佛教」讀書會讓愛書人有閱讀分享平臺；人間衛視爲邁向「亞洲華人NPO慈善媒體平臺」願景，節目創新内容，以帶領國際人士深入瞭解華人對社會關懷的發心。

科技、經濟的快速發展，人類的問題也隨之複雜化。解決人類問題，教育是不容忽視的一環。長年以來，我對僧伽教育與社會教育，一直傾盡心力，爲教育這個「樹人」的田地耕耘著。去年，宜蘭佛光大學佛教研修學院開學了，這是第一所「教育部」承認的佛教高等教育學院。第一期共招收五十位學生，全程英文授課，培養臺灣青年躍上國際舞臺的能量；而由韓國李亨淑教練領隊的佛光大學女子籃球隊，爲運動績優選手規劃完整的教育；南華大學雅樂團相繼應邀至世界各地表演，都讓世人認識佛教年輕、活潑的一面。

印度佛學院新校地開工，澳洲南天大學舉行安基典禮，普門中學今年初將移址到十二億元興建的新校舍。另外，「人間佛教學術研討會」、「佛光山徒衆佛學研究論文研討會」的舉辦，是我對徒衆深入經藏，以佛學弘

法的期許。對於教育，我還預計成立「佛教教育聯盟」，不僅是佛光山體系下的教育事業，臺灣、大陸，以及日本、韓國佛教興辦的大學都能加入教育聯盟，擴大佛教教育在全世界的影響力。

佛光山文教基金會爲締造書香社會而成立的「雲水書坊」，是一個行動式的圖書館，把古今好書載到市井角落，開啓了社教的另一種新風貌；「都市佛學院」紛紛在各別分院開班；馬來西亞佛光山辦有千人報考的「佛學會考」；「人間佛教」閱讀研討會及全臺閱讀博覽會，分別以社會關懷、閱讀與修行爲主題，提出佛法人間化具有深廣度的觀點。此外，生死學、比較哲學、東亞佛教音樂、青年佛教學術會議、禪與「人間佛教」學術論壇，以及全臺教師生命教育研習營、佛光英文佛學巡迴閱讀研討會、歐洲佛光青年講習會、國際佛光青年幹部會議、佛光兒童夏令營、兒童歡樂念佛營、佛光緣美術館全省義工的培訓講習會等，爲「人間佛教」增添幾許光彩。

文化藝術方面，馬來西亞《普門》雜誌與《星洲日報》合辦「星雲文學獎」，有七百餘件作品參加；二〇〇六年成立的佛光山人間音緣梵樂團，舉行「禮讚音緣——佛光山人間音緣梵樂團巡迴音樂會」；依《釋迦牟尼佛傳》、《雲水三千》改編的「佛陀傳——悉達多」音樂劇，於菲律賓熱烈登場。未來將是佛教文藝百花齊放的飛揚世紀。

四月中旬，應邀到湖南長沙嶽麓書院講學，我感於這座千年學府乃智璇法師始建，對中國文化影響深遠。當得知正在籌建中國書院博物館時，我歡喜贊助，略盡一點對文教事業的支持。

二〇〇七年的尾聲，近兩個月的時間，我走訪了大陸各地。欣見大陸是一塊佛教新興的福田，民風淳善，人們歡喜念佛。到了蘇州，所謂「上有天堂，下有蘇杭」，山水美景如佛國净土，而我期望徒衆把嘉應會館視爲引度衆生的「精神加油站」，一幅畫、一杯茶、一碗粥，都能增加所有到訪者的信心。會館首次展出「石頭

記」，是爲了相應於當地虎丘山的「生公説法，頑石點頭」，道生大師倡導的「闡提成佛」的意義，這與我一生肯定人人「我是佛」的人間思想，是相謀合的。

此行中，我也應邀參加於上海浦東香格里拉飯店舉行的「二〇〇七東方企業家第五屆全球華人企業領袖高峰會議」，我以「財富分享與和諧社會」一題説明，世間的財富再多都是有限的，金錢未必能夠爲人類的生活與心靈帶來真正富足與安樂，在追求有形的財富的同時，也要累積我們無形的財富，像智慧、道德、慈悲、慚愧心等等。有了財富，更要懂得分享、結緣、施捨、服務，取之社會，用之社會；有了財富，還要和諧，因爲和諧可以創造財富，有財富要促進和諧的社會。

此外，我也應上海交通大學之邀，參觀具有百年建築歷史，並擁有四萬餘名學生的現代學府。走進宏偉的校區，不禁令我驚嘆，我要學習的地方太多了。

長年居住在廣西的俗家大姐，年事已高，幾次熱情的邀約，我偷得浮生半日閒，前往柳州晤面。姐弟二人皆已老病，大姐兒孫滿堂，其樂也融融。世俗的眼光，大姐福禄壽俱全，而我孤家一人，一甲子以雲水爲伴，以無爲有，以衆爲我，卻甘之如飴，無怨無悔。姐弟兩人一念之間的選擇，帶來不同的人生際遇。

此行不只在繁華的北京、上海、南京，我特地飛往雲南，參訪了雲南佛學院，也感受到大理國的佛教風光以及西雙版納少數民族的單純熱情。遠眺昆明湖的豔麗、翠堤的秋景、金沙江上虎跳峽的澎湃雄奇……「香格里拉」的讚譽，果真名不虛傳。尤其此處的藏傳、南傳佛教和諧融和，值得宗教間深思與學習。

這兩個月的大陸弘法行，我日日參訪、會客、課徒、講説……像個輪子轉動，沒完沒了。身體雖疲累，但精神飽足。我要求徒衆「做中學」，自己也要身體力行，放空六根，至誠謙卑的遊方，向大衆虛心學習。

回首來臺弘法歷程，我歸納出五個十年：即自我健全，成立宜蘭念佛會，創建佛光山，設立佛光會，促成

佛教國際化，接下來就是要協助恢復「佛光祖庭——大覺寺」。七十年前，我在這裏剃度出家，六十年前，我在這裏擔任小學校長，一甲子時光，再回祖庭，昔日的風光猶在眼前；之於我，祖庭是成就我法身慧命的搖籃，與我血肉相連，復興祖庭我義不容辭，也深心期許佛光弟子心中要有根，要有重振祖庭的抱負與使命。

走筆至此，眼下又是一個春秋。浮生悠悠人間千山路，想想，我的熱血能爲衆生奔放多少？我的心意能爲佛教奉獻多少？趙州八十猶行脚，爲的是探求内心至真至善的境界；我一介僧侶，年過八十，行脚世界各地，但求以「人生三百歲」的生命毅力，持守好我一生奉行的戒律：「不忍衆生苦，不忍聖教衰。」

戊子年元旦，衷心祝禱人人開發本性所具的「子德芬芳」(注)，各個國家能不分地域、種族、膚色，邁向「衆緣和諧」，携手共創同體共生的人間淨土！

星雲　合十

二〇〇八年元旦

注：子德芬芳：

一、子，您也，祝福您的道德、事業增長，一切美好、芬芳。

二、子，鼠年之意，祝福您在鼠年，一切吉祥平安、順利。

三、子，子孫之意，祝福您的所有子孫前途無量，人格芬芳。

二〇〇九年新春告白

各位護法、朋友們：

大家新春吉祥，生耕致富！

新的一年莅臨，在開春之際，不免要回顧過去與期望將來。想到去年弘法諸事，忍不住和大家報告一番。

二〇〇八年元旦，建設兩年半的揚州鑒真圖書館落成了，同時舉行鑒真佛光緣美術館開館剪綵及「揚州講壇」開壇儀式。揚州是我的故鄉，也是歷史悠久的文化古城，千年來，騷人墨客爲這個古城留下名詩佳篇無數。清朝盛時，徽商、鹽商雲集於此，一時富甲天下；揚州城飽含歷史文明的風華，更躋身世界十大繁華古都之一。隨著鑒真圖書館的落成，「揚州講壇」開講，勢必將重現揚州佛學、文化等光彩。

在翁振進館長的領導下，「揚州講壇」首邀長篇小説家二月河主講「康雍乾三朝政務文化興替」。這一年來，邀請到當今文化界如錢文忠、馬瑞芳、于丹、王邦維、閻崇年、康震、鄭石巖、高希均、余光中、李昌鈺、崔永元等名家，講《聊齋》，讀《史記》，談《論語》，品《唐詩》，説玄奘西行等。陳年故紙堆中再現傳統文化的光芒。場場千餘人雲集，「揚州講壇」一系列的盛況講座，贏得「南揚北百」（指南有「揚州講壇」，北有百家講壇）之讚譽。

説起歷史，中國佛教史上近百年來有許多致力於筆耕，以研究佛法，弘揚佛法，護衛佛法的僧人居士。《普門學報》走過七個年頭，發行了四十五期，自四十六期起，我提議革新版面，以專題式輯録《二十世紀佛教文選》。內容有比丘、比丘尼、居士、學者撰述佛教與文學、佛教與建築等題材，以期帶動閱讀的風氣。

社會需要藝術美學的熏陶，提升人們生活的素養。以京劇而言，現代人認爲京劇深奧，因此乏人問津。其

實劇中情節多是闡述忠孝節義、因果報應的故事，一如佛教以音聲作佛事，教人善修身口意，深具教育意義。爲此，佛光山邀請「當代傳奇藝術」總監吳興國、林秀偉伉儷於人間衛視講唱一百齣戲劇；之後，由北京前副市長張百發先生帶領的北京京劇院來臺巡迴演出「京華再現」。希望藉由京劇，重拾人與人之間的情義及相互感恩的芬芳美德。

當獲悉「紙風車文教基金會」爲臺灣鄉村兒童推廣藝術的用心，我樂見其成，並在經費上略盡綿薄之力。由菲律賓天主教徒編演，全程以英文呈現的「佛陀傳——悉達多太子音樂劇」，在臺造成熱烈回響，我欣慰歡喜數十年前封閉的山林佛教，今日能走上「國家劇院」，把佛法深耕在普羅大衆，開辟以藝術弘揚佛法的新時代。

文學與藝術是鳥的雙翼，除了京劇藝術之外，國際佛光會舉辦「佛光之美」攝影比賽，將殿堂的神聖之美傳揚全球；馬來西亞《普門》雜誌與《星洲日報》聯合舉辦「二〇〇八年星雲文學獎」，提供熱愛佛教文學的青年朋友們一個公開公平展現心靈寫作的善美舞臺。

網路是新世紀的弘法傳教的利器，佛光山全球資訊網每天有即時新聞暨佛學各項常識內容，一年計有百萬人上網觀看。此外，香港佛香講堂開設佛香數位網路電臺，透過佛教梵唄與人間音緣的歌曲，帶給塵囂苦惱的世間一份清净與希望。

我在《講義》雜誌發表的《梅約醫院檢查記》、《關鍵時刻》、《人生路》、《弘法》、《苦行》、《外婆》等十四篇文章，是我一甲子行過的人生路，爲了佛教，安忍於人間冷暖與他人毁譽中，一點點的體會。承講義堂結集成書，定名爲《合掌人生》，「合掌」取意於我一生全心全意以佛教爲命，並至誠懇切感謝十方檀那護法的心情寫照。六月，我到印尼棉蘭、新加坡、馬來西亞等地，進行近半個月的雲水弘法。這期間，我爲佛光協會幹部開示人生所需，也在佛光菩提眷屬祝福禮上談夫婦相處之道。與大馬交通部長拿督翁詩傑談論管理與和

諧，鼓勵發心皈依三寶的信衆要勇敢承擔「我是佛」。當地媒體的關注與報導，讓我深刻體會到人心需要佛法的滋潤，信衆們一幕幕虔誠求法的景象，讓我甘願席不暇暖，忘卻長途航程之疲累。

動蕩不安的社會人心，急需佛法的安定力量。因此就時下趨勢，以我七十多年對佛法的體會，爲全臺教師生命教育禪修研習營講「佛陀的教育法」，爲佛光會幹部説「我能爲佛光會做些什麼」，爲信徒開示「梁皇寶懺的緣起與拜懺的意義」，於「中國佛學院」講「和諧」，在社區大學聯誼會上講説「佛教與現代」、「佛教問題探討」、「佛光山的人與事」等。

十一月七日，我應邀出席「巨贊法師百年誕辰紀念」，並有幸參與大師紀念公園落成。遥想當年，大師滿腔護教的熱忱，在一九四九年，他作爲唯一的僧人代表登上天安門城樓出席典禮，爲建設新中國不惜個人毁譽，畢生爲革新佛教奔波，爲大法弘傳，個人身命置之度外。大師雖已遠去，他的精神，他的發心，他的宏願，他的勇敢，永做後世如來佛子的典範。

如果説文化是甘泉雨露，那教育便是良田種子。九月，臺東均一中小學舉行校舍新建工程安基典禮，希望爲東臺灣的教育盡一分心力。此外，講義堂有意將「Power 教師奬」轉給佛光山接辦，我想可以把奬金提高，以鼓勵更多教師在作育人才上極力發揮創意。媒體的教育力量也是不容輕忽的，因此我計畫發起「真善美媒體奬」，希望媒體多多重視報導人間的真善美。

南非南華寺爲協助貧窮地區居民學得一技之長，舉辦爲期兩個月的電腦訓練營；鳳山講堂推出佛光山女青年社福菁英講習會，提供知識青年遊學打工的機會；馬來西亞沙巴禪浄中心和新加坡佛光山分别舉辦佛學會考；「中華佛光青年總團」則策畫馬來西亞弘法之旅及巡迴青年座談，在各項培訓課程與座談中增長青年學子的國際視野與胸懷。

佛光山每年舉辦的「人間佛教」學術研討會、「人間佛教」閲讀研討會、翰林學人聯誼會、社區大學師生聯誼會、全臺教師生命研習營、佛教文獻與文學國際學術研討會等，行佛所行，「人間佛教」的奉行者，應爲建設一個清浄善美的人間浄土而精進努力。

以英語弘法爲當代擋不住的思潮。今年二月、四月由佛光大學佛教學院主辦的「世界佛學英文巡迴講座」至菲律賓馬尼拉、宿霧、新加坡、馬來西亞，與當地的大學青年學生作佛學交流。此次英文巡迴座談獲得當地大學學府的肯定，並促進天主教與佛教的交流。佛教需要青年的熱力，帶團的妙光、妙哲、妙浄等爲碩士班學生，佛教學院全程皆以英文教學，期望未來佛法深化世界各地，走向國際化的新世代。

對於接引大專青年學子具有國際宏觀，佛光山國際促進會計畫舉辦「國際英語佛學生活體驗營」，五天四夜課程以英語授課，讓青年朋友們兼具英語的能力與佛學的内涵。

寺院是人生的加油站，是開發心靈能源的學校，道場提供廣大民衆多元化的學習。如歐洲各道場的「日日是好日——茶禪悦樂」，讓歐洲人士飽餐茶香與禪味之美；中天寺舉辦以英文皈依三寶甘露灌頂典禮，度化當地澳洲人士；非洲剛果兩百多位信衆皈依佛門。再者，佛光山、高雄神威天台山合辦的「高雄縣世界素食烹飪大賽」，讓民衆經由酥酡美味，嚐到無上法味。Discovery 發現臺「世界最佳美食」及 Food Network HD 節目，也到佛光山拍攝佛門過堂儀軌過程。顯見方便有多門，佛法在因應不同時代的人心，應有走出去的胸襟，貼近民衆的心理需求。

佛光山雖以文化教育爲浄化人心的主要工作，但慈善救濟亦勉力而爲。五月初熱帶氣旋重創緬甸，導致數萬人傷亡，聞訊後我即刻要泰國曼谷文教中心與當地佛光會員全力投入救災工作。不久，四川汶川縣又發生空前大地震，佛光山與佛光會「中華總會」隨即捐助人民幣一千萬元，並成立「救災指揮中心」，由慈容、覺培

法師擔任總指揮，整合全球資源賑災。各地別分院則設置超薦牌位和消災祿位，舉行「爲四川大地震災民祈福法會」，祈願藉由衆人念佛力迴向傷亡，祈求生者奮起再出發，亡者得到冥福。

此外，慈悲基金會執行長覺弘法師帶領「中華總會」中區協會會長陳嘉隆、桃竹苗協會會長朱唐妹居士組成的救援隊和馬來西亞國家佛光搜救隊等，他們深入四川地震重災區，捐助輪椅、救護車，贊助興建三昧水慈善醫院、中興衛生院、彰明中學、木魚中學。以「救援、醫療、民生物資、關懷」四合一救災計畫，秉持建設組合屋、成立心靈輔導站、重建學校三大方向，長期進行重建災區工作。給予他們物質援助，尤其給予精神撫慰及家園重建更是賑災的重點。緬甸、四川的救災，佛光山大衆皆是以報恩的謙卑心意勉力爲之，佛經言：「上報四重恩。」一切衆生都曾爲我父母親眷善友，感恩圖報是人人應盡的本分。而鑒於經濟不景氣波及孩童教育問題，全球各地佛光山道場舉辦了「關懷貧童園遊會」，將所得善款作爲貧童助學之用；舉辦「佛光清寒助學金暨輪椅捐慈善齋宴」、「四十小時飢餓募款活動」等；而爲了響應世界節能減碳運動，也舉辦「佛光叢林」造林計畫、「響應節能新生活運動，提倡素食文化」、脚踏車之旅，走入社區呼籲居民用實際行動來積極參與。因爲，我們只有一個地球，要以惜福的心來響應及推動環保活動。

去年九月，人間衛視請我録製「佛光山開山記」，介紹了六十五個景物與建築的歷史。四天的時間，我們走過大悲殿、麻竹園、菩提路到雲居樓、選佛場，再次走過佛光山的每一步，回顧開山前開山後這數十載的歷程，心中有著數不盡對信衆們的感謝，期望徒衆能以「我是佛光人」，愛惜這一草一木得來不易，一粥一飯衆緣成就，效法先賢以爲典範，並以繼往開來的發心，延續如來慧命。

没有諸位檀那長期護持，就没有今日的佛光山與徧及五大洲的佛教弘法事業。爲了感謝信徒的厚德，去年恢復睽違多年的信徒香會，有逾五萬護法信衆自世界各地海會雲集佛光山。萬人朝山聞法，皈依受戒，正如我在會上對大家所説的，感謝各位護持，佛光山也願爲大家添油香；希望來到佛光山，人人都能把佛法、把平安吉祥帶回家。

佛法與平安都是財富。二〇〇八年「國際佛光會世界會員大會」上，我以「菩薩與義工」，分四點説明：「菩薩是衆生的義工，義工是人間的菩薩」、「菩薩倒駕爲了度衆，義工修行爲成菩提」、「菩薩永爲苦海舟航，義工常作不請之友」、「菩薩修證階位不同，義工奉獻層次有别」，勉勵佛光人效法菩薩義工的精神，以慈悲心普施饒益，以平等心利樂有情。

初冬，南國之境的佛光山依然暖陽高照。十一月二十三日在本山的成佛大道舉行第二屆「世界佛教論壇新聞發佈暨鳴鐘祈福儀式」。上午十時，法鼓山、慈濟、華梵、靈巖山、「中華佛教居士會」等，近百位臺灣重要的佛教團體代表均出席參加盛會。是日萬里無雲，此時此刻，臺灣、香港、江蘇無錫三地同時鳴鐘，爲世界祈祝干戈永息，人民安樂。明年第二屆「世界佛教論壇」，由中國佛教協會、中華宗教文化交流協會、國際佛光會、香港佛教聯合會共同主辦，大陸開幕，臺灣閉幕，這將是海峽兩岸佛教史上的一大里程碑。這場盛會象徵著佛教歷史的一大融和，透過會談研議，爲世界佛教開拓新的交流契機。

二〇〇八年十二月，我飛往美國西來寺，主持爲西來寺落成二十週年舉辦的「國際萬緣三壇大戒」，祈願新生佛門龍象能發起大願心，爲佛教的未來永作護法長城，永不退票的在佛門裏安身立命。大法西來，西來寺的一磚一瓦是前人篳路藍縷，歷經血淚辛酸，纔有今日的殿宇輝煌。

逝水如斯，不再復返。普賢菩薩説：「是日已過，命亦隨減，如少水魚，斯有何樂？」回顧過去，展望未來，我這耄耋老人，舉步愈加蹣跚，體力日益衰弱，但學習臨濟禪師親身種植行樹，只爲後人添幾分景致。而我一生百年樹人，唯願佛教的未來接棒有人，正法永續，法水長流。行佛所行，是我没有動摇的信念；爲了佛

教，捨我其誰，這份發心，生生世世永不改變。

新的一年，《佛光大藏經》的編輯工作，由佛光山的弟子們發心承擔，祈願佛光人發揮集體創作的精神，三年內完成十六部全藏的輯錄；為了讓講師有依據的教科書，我發起編輯「金玉滿堂」傳教教材；在《人間福報》刊登三年的《人間萬事》專欄結集出書等，希望這些文字供養，能讓大家有佛法上的受用，也是我上報佛恩的一點心意。願此一瓣心香，如曼陀羅華，能徧灑三千法界，聞者、隨喜者都能同沾法益。

眾所引頸企望的「佛陀紀念館」，希望明年主館能完工。這座占地五千坪的紀念館供奉著佛陀舍利暨佛陀的紀念文物等，四周設計有典雅的四聖諦塔、八正道石塔、經幢等，後有美麗的靈鷲山及恒河景觀，完成後將成為全世界瞻仰佛陀的中心，以此闡揚佛陀偉大的思想，報答佛陀盛大的恩澤，同時讓大眾藉以思慕佛陀崇高的人格，並效法佛陀行化五印度的悲心弘願。

今年我為大眾題下的春聯為「生耕致富」，三世諸佛皆在人間成佛，諸大菩薩是在奉獻中累積功德財富。一塊田地要有生機纔會有收穫，我們要善護菩提心，廣結善緣，纔能自他成就，共成佛道！

佛光山一年四季如春，靈山處處七重行樹，微風吹動而梵音歌吟不絕。每次我弘法行脚回到佛光山，仰望星月如是燦爛，俯首花海如是嫣紅姹紫。法爾如是，自家珍寶本是心中流出，不假他人。祈願諸位入靈山一遊，能意會昔日佛陀拈花一笑之妙意，能照見人人本具的無量功德法財！

星雲　合十

二〇〇九年一月一日

二〇一〇年新春告白

各位護法、朋友們：大家吉祥！

時光荏苒，又是臘盡春回時，祈祝檀那信施新春平安！

在時光的煙雲中，人間萬象永遠都是悲喜交替。和往年一樣，二〇〇九年我依然沒有停下雲水的腳步，學習佛陀行化人間的精神。所不同的是，爲佛教大事也，無暇顧及色身，雖然視力大幅衰退，我總想著不能辜負信施的發心護持，而更加緊弘法的腳步。卻因此覺得心眼愈加明亮，這也算是另一種收穫了。

檢視二〇〇九年，有令人振奮的一頁歷史，也有教人悲慟的一面：八月八日，「莫拉克」颱風毫不留情地肆虐，臺灣發生了五十年來最嚴重的風災，僅僅三天時間，就使得南臺灣數十個鄉鎮陷入水災的困境，千百戶人家骨肉失散，家園傾毀。「天地不仁，以萬物爲芻狗」，世人何忍哉？

我在海外獲悉消息，心知救災不能等，即刻打電話回佛光山，指示成立佛光山救災中心，全球道場同步啟動賑災；並在第一時間捐出一千萬元給「內政部」，作爲賑災專款使用。其後中華宗教文化交流協會和中國佛教協會分別捐款人民幣五百萬元，指定由我代爲轉交「內政部」。

我人雖不在臺灣，但心繫災民，一時也無法安心作息，乃撰寫「爲『莫拉克』颱風水災災情祈願文」以爲祝禱。佛光山福慧家園及旗山禪淨中心，在高雄縣政府的屬意下，設立了讓災民備感溫馨的安置所。此外，普門中學提供大樓校舍讓那瑪夏鄉的學生能順利開學；南華大學招募學生擔任義工，前往災區協助整理校園；佛光山各別分院號召所有信衆，無論是提供便當、物資、人力、捐血、醫療、心靈輔導等等，無不是秉持「人飢己飢，人溺己溺」的同理心，如同在幫助父母手足一樣，不計付出地去做。

我常說，只要事情能圓滿，成功不必在我！讓我感到欣慰的是，作爲佛光山護法、佛光會會員的大家，在這次的救災中都做到了。八月三十日，高雄縣政府舉行一場「八八水災高雄縣各大宗教聯合祈福祝禱大會」，單國璽樞機主教、各宗教人士，和兩黨的指導長官，以及參與其中的佛光會員們，萬人雲集鳳山衛武營，以各自的宗教信仰虔心爲災民默哀、祝禱。一場大會，宗教慈心關懷與和諧精神顯露無遺，讓世人矚目。

陽春三月，另一個令世界矚目的宗教盛會——第二屆「世界佛教論壇」，由中國佛教協會、中華宗教文化交流協會、國際佛光會、香港佛教聯合會共同主辦，於無錫開幕，在臺北閉幕。計有漢傳、南傳、藏傳等六十個國家，上千位佛教領袖、學者與大德居士參加。五天的會議，以「和諧世界，衆緣和合」爲主的十六個議題，分別在無錫靈山與臺灣各寺院道場進行分組研討。

主辦者之一的國際佛光會，在這次活動中，負責臺灣的主要行政規畫，發揮了統籌的活動能力，讓來臺的七百多位貴賓，對臺灣佛教高水準的軟實力刮目相看。我在機場迎接大家到臺灣進行後半場論壇，與每位貴賓一一握手當中，感受每個人臉上溢於言表的欣喜之情，我知道：這次論壇的成功，在相互「尊重」、「對等」的原則下，不只創下兩岸宗教首次直航包機的歷史，更是推進了兩岸與世界和平的進程。

五月十日，由「環保署」、國際佛光會「中華總會」與佛光山寺共同主辦的「佛誕節暨母親節」浴佛法會，史無前例的在凱達格蘭大道上莊嚴登場。自一九九九年當時的李登輝先生正式宣佈，將佛誕節訂爲假日，到二〇〇九正值十週年，距離我最初爲佛誕節爭取爲假日，也有五十年了。我有感而發，寫下「千僧萬衆浴佛誕，一心十願報母恩」作爲這次慶祝活動的主題。

那天烈日高懸，仍有十萬人湧進凱道浴佛、祈願。承蒙馬英九先生、國民黨主席吳伯雄、臺北市長郝龍斌、聯合國 NGO 和平促進會發言人 Miss Cius Otto，與各國家和地區駐臺官員、各宗教界代表等嘉賓光臨參加，共用佛陀的庇佑，甚至天主教梵蒂岡教廷特地從海外傳來祝賀之意。佛教的祥和氣氛，讓一向被用來當做抗議、政爭的凱道，化戾氣爲和平，寫下不凡的史頁，因而奠定了當局對佛光山再去凱道慶祝佛誕節的信心。同時，在南半球紐西蘭北島佛光山，總理 Hon John Key 也親臨浴佛，吸引了全紐西蘭各大媒體爭相採訪，也爲佛教史添上一筆佳話。我們期盼，將來每一年都能到凱達格蘭大道上舉辦佛誕節浴佛法會，讓萬千信衆的歡喜祈求，能帶給國家和平進步。

九月九日，韓國通度寺贈送佛光山一襲佛陀金襴袈裟，並由僧衆、信徒百位護送至臺灣。當天佛光山僧信兩序排開，從菩提路迎請至大雄寶殿，隆重舉行「恭迎韓國通度寺佛陀金襴袈裟儀式」。這是繼一九八二年兩寺締結成爲兄弟寺，二十七年後再結殊勝法緣。未來金襴袈裟將恭奉在「佛陀紀念館」，讓全世界佛教徒瞻仰禮拜。

同這一天，泰國第一座唐式建築「泰華寺」也舉行奠基儀式。儀式由泰國僧王 Ven. Somdej Phra Buddha Jarn 和國際佛光會「中華總會」總會長心定和尚主持。寺內除了規畫佛學院、譯經處、大殿等仿唐式建築外，象徵南北傳佛教融和的菩薩鐘樓、羅漢鼓樓也將高高聳立，恒久擊叩著佛教的梵樂法音。

攬筆至此，要向大家報告一件千載難得的盛事：以四方形基座象徵「四聖諦」的「佛陀紀念館」，周圍有八座寶塔烘托，分別爲「一教、二衆、三好、四給、五和、六度、七誡、八道」，表示做人基本修行的「八正道」。主體建築裏有四個地宮收藏世界各地佛陀寶物和信徒文物；容納萬人的大會堂、豎立一尊百米高的銅佛坐像，象徵佛陀「偉大與崇高」……種種規劃，無非希望再現佛陀說法景象，讓每一位前來參訪的人都能覩景而生起渴求佛法的道心。

爲了讓信衆的願力道心，能具體與佛陀同在，「佛陀紀念館」籌建委員會發起「百萬心經入法身」全球信衆抄經活動，要徵集百萬人的寫經，奉納在佛陀的法身中，留存千載。活動至今，已有數十萬人報名參加了！

「封人」以後，我仍然席不暇暖地爲佛教之發展，常作佛事，也不時在心中構思著更適合現代人的弘法方式。縱觀時下趨勢與人心所向，我指示佛光山各相關單位開辦生活美學班、行政秘書班，以四個月爲一期，聘請優良的專業師資，免費提供未婚青年一個培訓專長的機會。案例成功後，去年又陸續開辦了編藏人才培訓班、餐旅服務人員培訓班及傳播媒體培訓班，旨在培育具專業素養的青年人才，同時提供懷抱理想的青年更多元的學習場域，在佛門裏大展長才。

繼「揚州講壇」於大陸造成熱潮後，在趙辜懷箴女士大力奔走下，「中美文化講壇」在休士頓中美寺開講。先後邀請到白先勇、于丹、葉篤行、心定和尚、依空法師等，分別就文化、藝術、佛學及醫學等題爲當地華人和西方人士講說，場場都深獲好評。值得一提的是，甫落成的美洲休士頓中美寺有了新住持，十一月，我爲來自南京棲霞山的住持隆相和尚，主持「中美寺住持晉山陞座典禮」。我一生不怕給人，對我來說，這是「得人」，是大陸佛教走出去的契機，也是我和大陸法緣的延伸。爲此，趙元修先生發心捐贈一千萬美元，繼續護持中美寺的工程。

也是在初秋時節，我授衣傳法給北普陀山方丈、遼寧省佛教協會副會長道極法師，及河北省佛教協會副會長真廣法師，這是大陸佛教界繼隆相和尚後，成爲臨濟宗第四十九代傳人。接著，應吉林大學及長春般若寺邀請，到哈爾濱的寶聖寺、淨覺寺，及倓虛大師創建的天台宗道場——極樂寺講說佛法，也應邀參加青海市靈珠山菩提寺落成典禮，爲方丈明哲長老「送座」。

隨後即輾轉趕往吉隆坡，主持一場三皈五戒法會及千人讀書會，之後參與十一月十七到二十一日國際佛光會世界總會在星馬泰舉辦的理監事會議。此次會議在郵輪上舉行，我以「人間佛教」是「家庭和順、人我和敬、共用佛陀的庇佑，甚至天主教梵蒂岡教廷特地從海外傳來祝賀之意。佛教的祥和氣氛，讓一向被用來當做抗議、政爭的凱道，化戾氣爲和平，寫下不凡的史頁，因而奠定了當局對佛光山再上凱道慶祝佛誕節的信心。同時，在南半球紐西蘭北島佛光山，總理 John Key 也親臨浴佛，吸引了全紐西蘭各大媒體爭相採訪，也爲佛教史添上一筆佳話。我們期盼，將來有一年都能到凱達格蘭大道上舉辦佛誕節的浴佛法會，讓萬千信衆的歡喜祈求，能帶給國家和平進步。

九月九日，韓國通度寺贈送佛光山一襲佛陀金襴袈裟，並由僧衆、信徒百位護送至臺灣。當天佛光山僧信兩序排開，從菩提路迎請至大雄寶殿，隆重舉行「恭迎韓國通度寺佛陀金襴袈裟儀式」。這是繼一九八二年兩寺締結成爲兄弟寺，二十七年後再結殊勝法緣。未來金襴袈裟將恭奉在「佛陀紀念館」，讓全世界佛教徒瞻仰禮拜。

同一天，泰國第一座唐式建築「泰華寺」也舉行奠基儀式。儀式由泰國僧王 Ven. Somdej Phra Buddha Jan 和國際佛光會「中華總會」總會長心定和尚主持。寺內除了規畫佛學院、譯經處、大殿等仿唐式建築外，象徵南北傳佛教融和的菩薩道樓，也將高高聳立，恆久響叩著佛教的梵樂法音。

續筆至此，要向大家報告一件千載難得的盛事：以四方形基座象徵「四聖諦」的「佛陀紀念館」，周圍有八座寶塔烘托，分別爲「一教、二衆、三好、四給、五和、六度、七誡、八道」，表示做人基本修行的「八正道」。主體建築裏有四個地宮收藏世界各地佛陀寶物和信徒文物；容納萬人的大會堂，豎立一尊百米高的銅佛坐像，象徵佛陀「偉大與崇高」……種種規劃，無非希望再現佛陀說法景象，讓每一位前來參訪的人都能觀景而生起追求佛法的道心。

爲了讓信衆的願力道心，能具體與佛陀同在，「佛陀紀念館」籌建委員會發起「百萬心經入法身」全球信衆抄經活動，要徵集百萬人的寫經，存納在佛陀的法身中，留存千載。活動至今，已有數十萬人報名參加了！

「封人」以後，我仍然席不暇暖地爲佛教之發展，常作佛事，也不時在心中構思著更適合現代人的弘法方式。

縱觀時下趨勢與人心所向，我指示佛光山各相關單位開辦生活美學班、行政秘書班，以四個月爲一期，聘請優良的專業師資，免費提供未婚青年一個培訓專長的機會。實行成功後，去年又陸續開辦了編藏人才培訓班、餐旅服務人員培訓班及傳播媒體培訓班，目的在培育具專業素養的青年人才，同時提供懷抱理想的青年更多元的學習場域，在佛門裏大展長才。

繼「揚州講壇」於大陸造成熱潮後，在趙辜懷箴女士大力奔走下，「中美文化講壇」在休士頓中美寺開講。先後邀請到白先勇、于丹、葉嘉瑩、心定和尚、依空法師等，分別就文化、藝術、佛學及醫學等議題爲當地華人和西方人士講說，場場都深獲好評。值得一提的是，甫落成的美洲休士頓中美寺有了新住持，十一月，我爲來自南京棲霞山的住持隆相和尚，主持「中美寺住持晉山陞座典禮」。我一生不怕給人，對我來說，這是一「得人」，是大陸佛教走出去的契機，也是我和大陸法緣的延伸。爲此，趙元修先生發心捐贈一千萬美元，護持中美寺的工程。

也是在初秋時節，我授衣傳法給北普陀山方丈、遼寧省佛教協會副會長道極法師，及河北省佛教協會副會長真廣法師。這是大陸佛教界繼隆相和尚後，成爲臨濟宗第四十九代傳人。接著，應吉林大學及長春般若寺邀請，到哈爾濱的寶聖寺、淨覺寺，及倓虛大師創建的天台宗道場——極樂寺講說佛法，也應邀參加青島市靈珠山菩提寺落成典禮，爲方丈明哲長老「送座」。

隨後即轉往吉隆坡，主持一場三皈五戒法會及千人讀書會，之後參與十一月十七到二十一日國際佛光會世界總會在星馬泰舉辦的理監事會議。此次會議在郵輪上舉行，我以「人間佛教」是「家庭和順，人我和敬，社會和諧、世界和平」四點，勉勵與會四千多名幹部，大家肩負起接引青年、護持佛法、淨化世界和廣度衆生的使命，發揚佛說的、人要的、淨化的、善美的、歡喜的、快樂的、安全的，能夠增加人類幸福的「人間佛教」，讓普世人類也來共同分享。

從初秋到深秋，幾月來一路僕僕風塵，走訪東北、山東、星馬與泰國，山水明媚、風景秀麗與濃厚的人情味，但最美的仍是當地人求法若渴的信仰，不時地感動在心。由此回想去年初，到訪河南洛陽白馬寺，並提寫「華夏首刹」；登上嵩山少林寺，實踐多年發下必到少林寺參禮的心願，爲少林武僧隨緣講話；在南京古鷄鳴寺爲佛學院和設立於北京法源寺的中國佛學院學僧和信衆，講「和諧」的真義。

弘法講說、課徒會客之餘，爲了使出家人瞭解立足現代所應建立的觀念和思想，我以三個月時間録製一百零四集的《僧事百講》。由慈惠法師提問，我將曾經在叢林參學時期對僧事所見、所聞、所學，與對佛教叢林未來發展的心中遠景，透過影像「傳」給佛光山僧信和十方大衆，作爲住持寺院、建寺安僧、弘法度衆及認識佛教的教材。

八月一整月，我趁著各種空隙，日日拈筆濡墨，寫下八千多幅字，我自認筆下龍鳳從來不堪與名家相比，聽說多少人求字、求法，爲了給人歡喜，因而不揣淺陋地振筆疾「書」。由於我四十多年的糖尿病，導致眼底鈣化，在視力微弱下，只能憑著心裏的衡量，一氣呵成，一筆到底不容間斷；因爲只要中途停頓，就會看不清、抓不準筆畫而難以完成了，所以我就定名爲「一筆字」。承蒙各界看得起，爲這七千多幅字辦了「一筆字」墨跡展，十月十三日從馬來西亞開始，接著臺北、佛光山、臺南、臺中、高雄等地巡展，義賣所得將全數捐給公益信托教育基金。

這個「公益信托基金」於二〇〇八年成立，委由銀行管理，辦理各項公益活動，如「Power 教師獎」、「真善美新聞貢獻獎」及贊助南京大學增設中華文化研究所等。首屆「真善美新聞貢獻獎」於十一月舉行頒獎典禮，分別頒發給成捨我、徐佳士、黄年和南方朔，這四位對新聞工作有相當貢獻的資深媒體人。這一次「抛磚」只是一個開始，相信未來能引發新聞事業更多真善美的音聲。

此外，去年也拍攝了「佛光山的故事」，在《人間福報》三年刊登圓滿的《人間萬事》結集成十二册；五十五册的《法華藏》、法文版《人間佛教的戒定慧》、尼泊爾版《佛光菜根譚》、《往事百語》電子版等出版品，陸續問世。義大利插畫家朱里安諾將我闡釋《心經》的小故事，藉由《繪本心經》在兒童的小心田裏，將佛法紮根。在靈感偶發時，也作了一首「雲湖之歌」抒發我對祖庭大覺寺旁雲湖景物的感懷，歌詞是這樣的：

山明水秀　煙雨朦朧
宜興的雲湖在羣山之中
向東是百里洋場的上海
向西是六朝繁華的金陵
南有杭城　北有揚州
要與宜興的陶都媲美
要與宜興的竹海爭勝

感謝劉家昌先生譜曲，曲調十分優美動聽，把歌詞的意境傳達得淋漓盡致，哼唱之間彷彿雲湖之美近在咫尺。

二〇〇八年「上海大覺文化」正式成立至今，欣見大陸對「人間佛教」的渴求，在和當地出版單位合作下，已出版簡體字版的《佛學教科書》、《人間佛教書系》、《佛光菜根譚》、《迷悟之間》、《談讀書》等著作，在當當網、博庫圖書網、《亞洲週刊》熱門文化指標、《新京報》等新書排行都是榜上有名，持續不墜。而在美國

Book Expo America、加拿大街頭曬書活動、法蘭克福國際書展、上海臺商廟會等國際書展上，佛光山各類出版品也大放異彩。

普門中學體操隊一直以來表現優異，去年代表高雄縣參加全中運，拿下國女及高女組團體雙料冠軍，連續四年拔得頭籌；女籃隊勇奪「九十八年全臺高中籃球甲級聯賽」冠軍杯；由佛光山申請成立的「三好體育協會」，也在五月通過「內政部」核准正式立案，這是一個以推廣全臺體育運動，淨化社會風氣爲宗旨的協會，經由各項運動競技活動來接引青年學佛。

我更積極推動校園「三好」運動，鼓勵學生做好事、説好話、存好心，佛光會未來也計畫每年選出一百戶「佛光三好人家」，每戶十萬元作爲鼓勵與回饋，以此慢慢建立起「三好」校園、「三好」家庭、「三好」社會。

前香港大學副校長李焯芬博士接任西來大學校長，均頭中小學由田正美校長接任。坐落於臺東的均一中小學校舍於八月啓用，首度招生即額滿，相信在曾漢塘校長帶領下能打造一個「三好」校園，培育出「三好」學生。佛光大學與南韓國立慶尚大學簽訂「學術交流合約」及「雙聯學制」，並和西來大學簽訂學術交流合約。南華大學也與河南平頂山學院簽署協議書，聘用雙方教師爲客座教授，並進行學生交流。連接嘉義大林鎮與南華大學的「南華路」，於七月舉行通車啓用，是全臺第一條以學校名稱命名的道路。

在鳳凰花開的六月，來自南非、阿根廷、加拿大、新加坡、馬來西亞、泰國等八個國家的第一屆英文佛學碩士，於佛光大學佛教學院取得學位；而從一九九四年開辦至今的勝鬘書院，計二十二期的歷屆畢業生也回到佛光山大團圓，在十五週年聯誼會上暢談未來的「選擇」。

臺北佛光合唱團參加在韓國舉行的「世界奧林匹克合唱團錦標賽」，在數百個合唱團中脱穎而出，拿下宗教音樂組銀牌。如是我聞出版的《慈悲三昧水懺》，榮獲第二十屆「金曲獎傳統暨藝術類」活動，頒贈「最佳宗教音樂專輯獎」；《人間萬事》獲第三屆金印獎圖書印刷類第一名殊榮。另外，我也受中山大學頒贈「榮譽文學博士」學位，做了中山大學的「畢業生」。六十年前，我來到臺灣至宜蘭住持弘法；半個世紀後，幸得宜蘭縣、市長頒給我「榮譽縣民」與「榮譽市民」暨「榮譽市鑰」。

一甲子的歲月，弘法的脚程由宜蘭逐步行偏五大洲，全球各地的佛光山別分院就像轉動不息的法輪，晝夜爲弘揚佛法而轉動。

建寺十五年的温哥華佛光山首傳在家五戒菩薩戒戒會；西來寺舉辦首屆「漢傳佛經翻譯會議」，在舉行三壇大戒期間同時啓建一場萬緣水陸法會；佛香講堂舉辦消災祈福大悲懺法會，有三千人參與；宜興大覺寺舉辦第一屆徒衆親屬會，喜氣非常；南非南華寺通過向國税局申請的免捐贈税，佛光山南華寺由此取代「南非佛教協會IBASA」寺廟運作；中天寺及國際佛光會昆士蘭協會，分別獲得洛根市政府多元文化團體獎及洛根市教育獎。

四月，南屏別院落成啓用，奥地利維也納佛光山道場舉行安基典禮；十月，墨爾本博士山佛光緣舉行安基典禮；芝加哥禪淨中心、西班牙佛光山道場也相繼落成啓用。

一年殘冬一年春，冬天過去，春暖花開，《人間福報》即將屆滿十週年，在新的一年，我也將持續以「一筆字」與有緣人共勉，而「百萬心經入法身」活動，仍然熱烈進行著……總之，法輪常轉是佛弟子夙夜匪懈的使命。由於二〇一〇年歲次屬「虎」，我爲檀施寫下「威德福海」春聯，祈願人間祥和如沐慈光福海之中；衆生和諧共存，彼此互惠，盡未來際。祝福大家！

星雲　合十

二〇一〇年元月一日

二〇一一年新春告白

各位護法、朋友們：新春吉祥！

年年歲盡春緑，大地演繹著「諸行無常」的法則，卻也提供一番新氣象，讓人除舊佈新，檢討過去，放眼未來。

昨年，仍是忙碌的一年。可能早上纔到「佛陀紀念館」關心工程，下午已飛抵南京；有時，上午寫的「一筆字」墨跡未乾，下午又赴港出席活動……徒衆告訴我，去年出席邀約的講話有一百二十餘講，與客見面一百五十餘會，電視、電臺、媒體採訪三十餘回，其他應邀的課徒、工程、活動、法會、大小議事、素齋談禪、三皈五戒典禮等也有百餘場。此外，每日《人間福報》的專欄撰文，隨喜講話、報章文稿、勘察等，甚至在各地機場的進出，已數不清幾趟。也承蒙各界鼓勵，獲得「香港大學社會科學名譽博士」等五種獎項，我常説「人是一個，命是一條，心是一點」，不是不擅於拒絶，只是不忍衆生。即便如此，作爲一介僧侶，「非佛不作」是本山的堅持，佛光山的徒衆和全球佛光人，都應奉爲圭臬。

説到「佛陀紀念館」，只要我人在本山，一得空便前往巡視。徒衆笑我不只一日看三回，甚至是百看不厭。這是集合「千家寺院·百萬人士」共同成就的佛教聖地，經過十年的醖釀、兩年多的日夜趕工，預計年底完成。爲慶祝此一盛事，今年農曆春節初一到初五，將再度舉辦「地宫珍寶入宫法會」，爲後代子孫珍藏這個時代的文物。同時，爲了慶祝辛亥百年，「文建會」決定於今年聯合各宗教舉辦「愛與和平宗教祈福大會」，歡迎大家共襄盛舉。

「一筆字」墨跡展，去年巡迴高雄、嘉義、宜蘭、香港等地以及日本、澳紐等國家和地區，在臺北「中山紀念館」展出後，承蒙鄭乃文館長將「給人信心、給人歡喜、給人希望、給人方便」懸掛於館内大廳，而中國美術館和甫於維也納聯合國總部、奥地利國家美術館的展覽，都創下佛教文化首度登上該館展出的紀録。我今年八十五歲，見過多少場面，對於自己的字展出來給大家看，仍然感到愧不敢當。承蒙大衆不嫌棄，今年也將在臺北歷史博物館，以及天津、西安、江西等地展出。我無法像剖心羅漢一樣，運用神通把心挖出來給大家，不管如何，請大家不要看我的字，不要看我的人，看我的心就好；甚至也不要看我的心，要看佛法。

我知道大家將我的字帶回家，有的是從字裏領悟法義，有的是作爲子女的傳家寶，有的是爲贊助公益信托教育基金而歡喜結緣。爲不辜負大家的美意，我努力蘸墨揮毫，不管雲水到哪裏，「一筆字」成爲我的功課，希望爲社會公益盡一份綿薄之力。

公益信托教育基金去年舉辦「第十届 Power 卓越教師獎」，獎勵優良教師，創造更好的教育品質，以及第二届「真善美新聞傳播貢獻獎」，鼓勵新聞傳播媒體，務求「真」實，發揚「善」事，來創造「美」好的社會，改造充斥腥羶的環境。欣慰的是，頒獎典禮中，來自兩岸及星、馬等媒體人濟濟一堂，平時爲了搶新聞、搏版面，當天轉爲一片祥和，誓言爲媒體環保而努力。接下來，公益基金還將策畫一系列的「三好」人家、「三好」校園、文學獎等各種獎項，鼓勵净化社會的使命早日達成。

説到環保，地球體質惡化的程度一年比一年嚴重，爲此，去年四月，我應邀與高希均教授、陳文茜女士、環保署長沈世宏以及挪威能源國際部門環保顧問 Miss Allison Eun Joo Yi 共同出席「全民環保，搶救地球」國際論壇。而由佛光山策畫、鳳凰衛視執行製作的紀録片《地球的温度》，勝過 CNN、BBC 等其他入圍作品，在倫敦摘走由國際廣播協會主辦「二〇一〇年最佳國際傳媒獎」中最受矚目的「人民選擇獎」（People's Choice）。

此外，十月「國際佛光會二〇一〇年世界會員代表大會」，我把主題訂爲「環保與心保」。凡我佛光人都

應積極成爲「環保與心保」的尖兵，只要人人有心、有願，每個人發揮力量，就可以減輕地球惡化的程度，將二十一世紀建設成爲身心環保的美好時代。

比起前年的全球重大天災，去年需要復原的地方雖然稍獲喘息，遺憾的是，仍傳出嚴重的災難：四月，青海玉樹發生規模七點一級大地震，當地民房幾近全毀，消息傳來，想到多少人遭受親人離散之苦，或是陷在驚惶失措之中，於是我撰寫《爲青海玉樹大地震祈願文》，同時發起全球各寺院道場、佛光人於早晚課誦中，爲生者祝願，爲亡者祝禱。

八月，菲律賓馬尼拉發生駭人聽聞的挾持觀光巴士事件，香港旅遊團成員多人被襲擊，菲律賓佛光會員及佛光山萬年寺，即時組織起來，分頭趕赴各大醫院探望慰問受難者，並前往事發現場爲罹難者超渡。在現場千人的法會上，馬尼拉市長 Mayor Alfredo Lim、菲律賓政府官要、菲華商聯總會代表也列席參與，感念佛光人在最短的時間聞聲救苦。

九月，「凡那比」颱風使得大高雄遭受嚴重水患，接著十月二十二日，「梅姬」颱風重創宜蘭蘇澳，佛光山慈悲基金會與南屏別院、蘭陽別院、仁愛之家等，馬上會同會員，兵分多路冒著風雨涉水慰問災民，尤其仁愛之家立即成立安置中心，給予災民照顧，佛光人則負責供應大量便當。雖然我們不願意這些情況發生，也衷心期盼不再有災難的出現，但仍然要感謝全球各地佛光人的行動力，「有您真好！」

再說到教育與文化，幾件好消息與大家分享：佛光山文教基金會與香港中文大學成立的「人間佛教研究中心」，進入第二個五年合作計畫；南京大學爲研究弘揚中華傳統文化成立了「中華文化研究院」，我樂見其成，並捐出個人版税所得三千萬以建設「佛光樓」。此外，經過多年籌備，南天大學獲得澳洲政府許可，今年二月將正式招收碩士班學生。而佛光山各種培訓班如：傳播媒體、行政秘書、編藏人才、生活美學、蔬食餐旅、社福管理以及勝鬘書院等，也爲佛教培養許多人才。

去年，創校二十年的西來大學，由前中山大學副校長吳欽杉教授上任，擔綱校長一職；南華大學在陳淼勝校長的努力下開始體育館工程，完工後，全校師生將擁有一座室內活動場所。而佛光大學在創校十週年之際，除了感謝前校長翁政義先生的積極推動校務，也很榮幸邀請到前「教育部長」楊朝祥先生前來擔任校長；十月，學校頒贈齊邦媛教授文學榮譽博士學位；十二月，單國璽樞機主教接下該校榮譽博士學位時，我想，天主與佛陀也會一同微笑歡喜吧。這幾所結合百萬人愛心創建的學校，在「佛光山百萬人興學紀念館」完成後，將共同紀録百萬人共建大學的願心。

文化方面，《人間福報》從辦報伊始，就遵循「新知、生活、善美、淨化」的目標，一路走來，已有十年，在讀者、檀信的支持下，在各界的鼓勵下，我們有信心再爲社會發聲無數個十年。

六十年前，我以擬人化的語氣介紹佛門法器出版《無聲息的歌唱》，去年由香海文化重新出版；有鹿文化整理我講經的內容，出版《般若心經的生活觀》和《成就的秘訣：金剛經》，首週即進入暢銷排行榜；鳳凰出版中心發行《捨得》、《厚道》，及我與劉長樂先生對話的《包容的智慧（二）：修好這顆心》等，也獲得不少回響，可見文字能讓佛法與時俱進，契合每一個時代人心的需求。

這一年來會客無數，多少社會各界人士、學者專家、大德，皆是來時歡迎去時相送，其中早年跟隨我學佛的慈芳（孫阿幸）、慈音（楊春蓮）、慈智（陳秀足）連袂來山。她們從一九五三年我自宜蘭應邀到高雄講經，即一師一道至今，數十年未見，一見面，我仍可以一一叫出名字。回想五十多年前，我一面顧念宜蘭念佛會，一面籌建高雄佛教堂，南北奔波，當時她們還是年輕小姐，卻能放下俗務，幫忙打理一切都在草創階段的高雄佛教堂，實屬難得，也同時見證高雄佛教堂開創的歷史。

Book Expo America、加拿大街頭曬書活動、法蘭克福國際書展、上海臺商廟會等國際書展上，佛光山各類出版品也大放異彩。

普門中學體操隊一直以來表現優異，去年代表高雄縣參加全中運，拿下國女及高女組團體雙料冠軍，連續四年拔得頭籌；女籃隊勇奪「九十八年全臺高中籃球甲級聯賽」冠軍杯；由佛光山申請成立的「三好體育協會」，也在五月通過「內政部」核准正式立案，這是一個以推廣全臺體育運動，淨化社會風氣爲宗旨的協會，經由各項運動競技活動來接引青年學佛。

我更積極推動校園「三好」運動，鼓勵學生做好事、説好話、存好心，佛光會未來也計畫每年選出一百户「佛光三好人家」，每户十萬元作爲鼓勵與回饋，以此慢慢建立起「三好」校園、「三好」家庭、「三好」社會。

前香港大學副校長李焯芬博士接任西來大學校長，均頭中小學由田正美校長接任。坐落於臺東的均一中小學校舍於八月啓用，首度招生即額滿，相信在曾漢塘校長帶領下能打造一個「三好」校園，培育出「三好」學生。佛光大學與南韓國立慶尚大學簽訂「學術交流合約」及「雙聯學制」，並和西來大學簽訂學術交流合約。南華大學也與河南平頂山學院簽署協議書，聘用雙方教師爲客座教授，並進行學生交流。連接嘉義大林鎮與南華大學的「南華路」，於七月舉行通車啓用，是全臺第一條以學校名稱命名的道路。

在鳳凰花開的六月，來自南非、阿根廷、加拿大、新加坡、馬來西亞、泰國等八個國家的第一屆英文佛學碩士，於佛光大學佛教學院取得學位；而從一九九四年開辦至今的勝鬘書院，計二十二期的歷屆畢業生也回到佛光山大團圓，在十五週年聯誼會上暢談未來的「選擇」。

臺北佛光合唱團參加在韓國舉行的「世界奥林匹克合唱團錦標賽」，在數百個合唱團中脱穎而出，拿下宗教音樂組銀牌。如是我聞出版的《慈悲三昧水懺》，榮獲第二十屆「金曲獎傳統暨藝術類」活動，頒贈「最佳宗教音樂專輯獎」；《人間萬事》獲第三屆金印獎圖書印刷類第一名殊榮。另外，我也受中山大學頒贈「榮譽文學博士」學位，做了中山大學的「畢業生」。六十年前，我來到臺灣至宜蘭住持弘法；半個世紀後，幸得宜蘭縣、市長頒給我「榮譽縣民」與「榮譽市民」暨「榮譽市鑰」。

一甲子的歲月，弘法的脚程由宜蘭逐步行徧五大洲，全球各地的佛光山别分院就像轉動不息的法輪，晝夜爲弘揚佛法而轉動。

建寺十五年的温哥華佛光山首傳在家五戒菩薩戒戒會；西來寺舉辦首屆「漢傳佛經翻譯會議」，在舉行三壇大戒期間同時啓建一場萬緣水陸法會；佛香講堂舉辦消災祈福大悲懺法會，有三千人參與；宜興大覺寺舉辦第一屆徒衆親屬會，喜氣非常；南非南華寺通過向國税局申請的免捐贈税，佛光山南華寺由此取代「南非佛教協會IBASA」寺廟運作；中天寺及國際佛光會昆士蘭協會，分别獲得洛根市政府多元文化團體獎及洛根市教育獎。

四月，南屏别院落成啓用，奥地利維也納佛光山道場舉行安基典禮；十月，墨爾本博士山佛光緣舉行安基典禮；芝加哥禪淨中心、西班牙佛光山道場也相繼落成啓用。

一年殘冬一年春，冬天過去，春暖花開，《人間福報》即將屆滿十週年，在新的一年，我也將持續以「一筆字」與有緣人共勉，而「百萬心經入法身」活動，仍然熱烈進行著……總之，法輪常轉是佛弟子夙夜匪懈的使命。由於二〇一〇年歲次屬「虎」，我爲檀施寫下「威德福海」春聯，祈願人間祥和如沐慈光福海之中；衆生和諧共存，彼此互惠，盡未來際。祝福大家！

星雲 合十

二〇一〇年元月一日

應積極成爲「環保與心保」的尖兵，只要人人有心、有願，每個人發揮力量，就可以減輕地球惡化的程度，將二十一世紀建設成爲身心環保的美好時代。

比起前年的全球重大天災，去年需要復原的地方雖然稍獲喘息，遺憾的是，仍傳出嚴重的災難：四月，青海玉樹發生規模七點一級大地震，當地民房幾近全毀，消息傳來，想到多少人遭受親人離散之苦，或是陷在驚惶失措之中，於是我撰寫《爲青海玉樹大地震祈願文》，同時發起全球各寺院道場、佛光人於早晚課誦中，爲生者祝願，爲亡者祝禱。

八月，菲律賓馬尼拉發生駭人聽聞的挾持觀光巴士事件，香港旅遊團成員多人被襲擊，菲律賓佛光會員及佛光山萬年寺，即時組織起來，分頭趕赴各大醫院探望慰問受難者，並前往事發現場爲罹難者超渡。在現場千人的法會上，馬尼拉市長 Mayor Alfredo Lim、菲律賓政府官要、菲華商聯總會代表也列席參與，感念佛光人在最短的時間聞聲救苦。

九月，「凡那比」颱風使得大高雄遭受嚴重水患，接著十月二十二日，「梅姬」颱風重創宜蘭蘇澳，佛光山慈悲基金會與南屏別院、蘭陽別院、仁愛之家等，馬上會同會員，兵分多路冒著風雨涉水慰問災民，尤其仁愛之家立即成立安置中心，給予災民照顧，佛光人則負責供應大量便當。雖然我們不願意這些情況發生，也衷心期盼不再有災難的出現，但仍然要感謝全球各地佛光人的行動力，「有您真好！」

再說到教育與文化，幾件好消息與大家分享：佛光山文教基金會與香港中文大學成立的「人間佛教研究中心」，進入第二個五年合作計畫；南京大學爲研究弘揚中華傳統文化成立了「中華文化研究院」，我樂見其成，並捐出個人版稅所得三千萬以建設「佛光樓」。此外，經過多年籌備，南天大學獲得澳洲政府許可，今年二月將正式招收碩士班學生。而佛光山各種培訓班如：傳播媒體、行政秘書、編藏人才、生活美學、蔬食餐旅、社福管理以及勝鬘書院等，也爲佛教培養許多人才。

去年，創校二十年的西來大學，由前中山大學副校長吳欽杉教授上任，擔綱校長一職；南華大學在陳淼勝校長的努力下開始體育館工程，完工後，全校師生將擁有一座室內活動場所。而佛光大學在創校十週年之際，除了感謝前校長翁政義先生的積極推動校務，也很榮幸邀請到前「教育部長」楊朝祥先生前來擔任校長；十月，學校頒贈齊邦媛教授文學榮譽博士學位；十二月，單國璽樞機主教接下該校榮譽博士學位時，我想，天主與佛陀也會一同微笑歡喜吧。這幾所結合百萬人愛心創建的學校，在「佛光山百萬人興學紀念館」完成後，將共同紀錄百萬人共建大學的願心。

文化方面，《人間福報》從辦報伊始，就遵循「新知、生活、善美、淨化」的目標，一路走來，已有十年，在讀者、檀信的支持下，在各界的鼓勵下，我們有信心再爲社會發聲無數個十年。

六十年前，我以擬人化的語氣介紹佛門法器出版《無聲息的歌唱》，去年由香海文化重新出版；有鹿文化整理我講經的內容，出版《般若心經的生活觀》和《成就的秘訣：金剛經》，首週即進入暢銷排行榜；鳳凰出版中心發行《捨得》、《厚道》，及我與劉長樂先生對話的《包容的智慧（二）：修好這顆心》等，也獲得不少回響，可見文字能讓佛法與時俱進，契合每一個時代人心的需求。

這一年來會客無數，多少社會各界人士、學者專家、大德，皆是來時歡迎去時相送，其中早年跟隨我學佛的慈芳（孫阿幸）、慈音（楊春蓮）、慈智（陳秀足）連袂來山。她們從一九五三年我自宜蘭應邀到高雄講經，即一師一道至今，數十年未見，一見面，我仍可以一一叫出名字。回想五十多年前，我一面顧念宜蘭念佛會，一面籌建高雄佛教堂，南北奔波，當時她們還是年輕小姐，卻能放下俗務，幫忙打理一切都在草創階段的高雄佛教堂，實屬難得，也同時見證高雄佛教堂開創的歷史。

「佛光祖庭」宜興大覺寺第二期建設，可望在今年完成。巍峨的大雄寶殿供奉玉佛，雙邊有香木寶塔和東方琉璃世界、西方極樂淨土的彩繪玉雕。整座寺院矗立在獅山、鯨山和元寶山之中，加之雲湖、竹海環繞，一派恢宏氣勢，相容江南秀麗景致，我特別題詞：「一佛二塔兩世界，三面白玉世間解；萬千僧信修福慧，五洲七衆十方來。」未來將繼續佛陀行化圖、十八羅漢和多寶佛塔等工程。

感謝大家的愛護，揚州鑒真圖書館開館以來，無論是「揚州講壇」的講主、或聽者的秩序精神，都獲得好評。揚州大明寺是鑒真大師的道場，十一月，揚州市政府主辦「日本東大寺鑒真大和尚坐像回揚省親恭迎法會」，就在鑒真圖書館舉行，爲雙方的文化和佛教交流史，再添美麗的一頁。

去年一整年，爲祖庭復興及各地的講演和邀約，我像織布機上的梭子往返兩岸，從北京到南京，從西南到東北，八十四歲的身軀，時感力不從心，但想到十三億同文同種的中華兒女，歷經大時代動蕩，心靈需要更多的資糧，力量就躍然湧現，不知老之既至，再多的疲累也煙消雲散。十二歲時，我因一句承諾上棲霞，春風秋雨七十年後，能有因緣報答師恩、佛恩，我只有俯首合十感謝，這一切看似奇跡，其實是來自兩岸的日漸和平。

我一生提倡「人間佛教」，爲了讓佛法走進家庭、走入社會，「以共修淨化人心」成爲佛光山四大宗旨之一。去年四月成立「福慧家園」，作爲全世界推動共修的總部，今後也將成爲範例，以每週設定主題方式，帶動全球共修的齒輪，願大家都能行解並重、福慧具足。

去年五月，第二次在廣場舉行「千僧萬衆祝佛誕，一心十願報母恩」浴佛法會。當日細雨濛濛，彷彿灑降甘露。馬英九先生出席盛會，向在場十萬信衆表示高度的祝福和肯定，並且帶領與會者及各行各業代表宣誓「全臺行三好運動」。藉此因緣，我同時會見聯合國非政府組織 HDI 總裁 Ralph Cwerman 及事務負責人克萊門小姐，他們在參加典禮和參訪佛光山之後表示，從佛光山的早課、排班用餐當中，看到規矩與制度，這是目前西方國家所沒有的；從佛光會員在全世界所做的事情提出，未來與聯合國的交流可以從人道、關懷、宗教開始。今年的佛誕節，大家將再度在充滿祥和的凱達格蘭大道上相會，同爲全天下的母親和佛教徒祝福。

去年的七月和八月，全球佛光人整個動起來，他們參加督導聯誼暨進修課程、全臺閱讀博覽會、理監事暨督導會長聯席會議、國際佛光青年會議、全臺教師佛學夏令營、短期出家修道會等，每場均有千人以上，「吉祥」的寒喧問候語，此起彼落，真是「諸上善人聚會一處」。其中，尤以來自兩岸和全球一百五十多個國家和地區、四百多所知名大學的千位優秀青年，參加「國際青年生命學習營」，最爲殊勝。

九月二十四日，在「三好」體育協會賴維正會長推動下，和全體佛光啦啦隊的加油聲中，「三好籃賽，飛躍全球，二〇一〇佛光杯國際大學女子籃球邀請賽」，來自日、韓、加、大馬等國以及臺灣、香港等地區八支大學球隊，在佛光大學懷恩館正式對壘了。我們培訓多年的女子籃球隊，經教練李亨淑的指導，打出亞軍的成績。很多人知道我喜愛籃球，其實籃球是一個最慈悲的運動，它訓練人勇於認錯，訓練團隊的精神，甚至要感謝對方，因爲有對手纔能打球。這是一個以球會友的運動。

十月，我應基隆靈泉寺晴虛法師之邀，擔任三壇大戒得戒和尚。靈泉寺是我到臺灣早期到過的寺院之一，百年前，由善慧老和尚開山；晴虛法師是五十多年前我在新竹青草湖授課時的學生，既有師生之誼，又是教界盛事，於是欣然應允。之後，我兼程前往東京出席日本地區功德主會及幹部講習會。十二月，我應邀到南京大學、臺灣大學以及上海交通大學，講述「禪與人生」及「我的學思歷程」；也接受邀約出席「花博講座」，爲美麗的花博盡一份力量。

「一年春盡一年春，野草山花幾度新」，二〇一〇匆匆已過；二〇一一，正值辛亥百年，祈願護法朋友們珍惜父母生養色身的生命，回饋社會衆緣成就的生命，提升自性信仰的生命，證悟法身永恒的生命，一起共建

「家庭和順、人我和敬、社會和諧、世界和平」的净土世界。祝福大家

巧智慧心

平安吉祥

星雲　合十

二〇一一年元旦

「家庭和順、人我和敬、社會和諧、世界和平」的淨土世界。祝福大家

平安吉祥

巧智慧心

二〇一一年元旦

星雲 合十

二〇一二年新春告白

各位護法、朋友們：吉祥！

人生四季，氣象遷流，走過辛亥百年，邁入八十六歲的我，歷經戰爭流離失所，飽受饑荒、朝不保夕的時日，對於現有的安和樂利，倍覺不易與珍惜。今年，我以「龍天護佑」，摯誠向佛菩薩暨諸天護法祈願，願人民慈悲，世界和平。

過去這一年，最值得慶賀的美事，就屬「佛陀紀念館」的落成啓用了。回想一九九八年四月，佛陀舍利從印度經泰國恭迎到了臺灣，這真是屬於全人類的榮耀與福報。我們從最初覓地到興建，至今已十三年。期間，幾經選址的奔波、人事的周折、多次的工程會議，以及配合當局種種的規章，感謝佛光的加被，十方善緣的成就，所幸都能一一克服困難，「佛陀紀念館」在衆人的企盼與祝福下，終於正式與大衆見面了。

在落成系列活動中有：國際三壇大戒、佛光大佛開光、佛陀舍利安座典禮、菩提眷屬祝福禮、佛化婚禮、「三好」人家表揚大會、百年萬佛戒會、國際佛光青年大會師，以及萬衆祈福法會等等，一時海會雲集，真是猗歟盛哉；讓臺灣在國際舞臺上發光，讓全世界看見「千家寺院‧百萬人士」以無私無我的精神，共同建設了清淨的人間佛國。

有人問：「爲什麼要建『佛陀紀念館』？」其實，這和建設捷運、高鐵一樣具有劃時代的意義。不同的是，捷運和高鐵是硬體的建設，佛館則是歷史的、人心的、教育的、文化的建設。爲了佛館的啓用，我特地於半年前集合出家、在家二衆，舉辦服務人員的培訓班，希望讓所有來到這裏的人，都能與佛接心，身心得到淨化，人格獲得升華。

「佛陀紀念館」南倚靈山，北鄰祇園，禮敬大廳、八塔提供各項服務，本館裏面有三座殿堂、八處展覽廳外，還有大覺堂可容兩千人集會。另有佛光大佛一尊，通高一百零八米，庇佑大衆一切吉祥如意。菩提廣場上的八宗祖師、十八羅漢慈眉垂目，尤其十八羅漢像中，立有三尊女性比丘尼，實踐佛陀闡述「人人皆有佛性」的真理，倡導男女平等，突破過去寺廟只設男衆羅漢像的往例。四周長廊有「佛陀行化本事」、「禪畫禪話」、「護生圖」等，都可以作爲各級學校生命教育的户外教學教材。未來不收門票，凡入山門者，皆以平安粥結緣。

佛館之美名揚四海，爲此，天下文化高希均教授特別帶領團隊，由潘煊小姐執筆，出版《人間佛國》一書，來闡述佛陀的慈悲智慧、無私平等，讓大家明白，來到佛館，就是到了佛國，佛陀就在我們的心中。

在佛館即將竣工之餘，我應「國史館」之邀，完成了《百年佛緣》一書，約有七十萬字，敘述我與佛教及各界的結緣，希望能提供這一百年來佛教歷史的痕跡。

去年，陸續也有許多書籍的發行，如：有鹿出版社繼前年《心經》、《金剛經》之後，又發行了《人海慈航：怎樣知道有觀世音菩薩》；另外，鳳凰出版社等發行了《合掌人生》、《覺悟的生活》五十餘種書。大陸讓我的書發行於神州，讓大陸同胞也能接受佛法的甘露。除此，馬來西亞出版漫畫版《釋迦牟尼佛傳》、美國翻譯中心出版法文版《金剛經講話》、英文版《成就的秘訣》，香海文化出版有聲書《佛光祈願文》、《往事百語》，以及電視弘法委員會發行《僧事百講》光碟等。其中，英文版《六祖壇經講話》和《金剛經與中國文化》還入選《Fore Word》雜誌「年度最佳書籍獎」，尤其《佛光菜根譚》發行一百萬册以上，能夠普爲大衆接受，實爲一件幸事。

回想六十餘年前，我孑然一身來到臺灣，寄身於中壢圓光寺，白日勞作苦力爲常住服務，更深夜靜時，一燈如豆，以筆耕開啓弘法之路。而今拙作在世界各地出版，我決定以版稅收入成立「公益信托教育基金」，以

此寸心，回報大衆對我的厚愛與盛情。三年多來，已頒發過卓越教師獎、真善美新聞傳播獎，以及去年首度舉辦的三好校園實踐學校評選和全球華文文學獎等項目，對於教育、文化、媒體有貢獻者，表揚他們的努力、風範，藉以帶動社會善美之風氣。

而爲了使公益基金長期運作，我發心寫「一筆字」來義賣，不僅增加了善款，也讓我廣結善緣，成就各方美事。因此，不論寒暑、不計行程，晨光微亮時分，我無一日歇息，一張一張的宣紙猶如貝葉，以刺血寫經的誠心寫下「一筆字」，希望把佛陀的慈悲傳播出去。

多年前，我以寫字寫出了一所美國西來大學，後來又以「百萬人興學」的理念，陸續創辦南華、佛光及澳洲南天大學。半年前，這四校共同宣佈成立「佛光四校一體大學系統」，由前「教育部長」，也是現任佛光大學校長楊朝祥教授擔任總召集人。這是島内第一個跨國際的大學聯合系統，「一校注册，四校服務」，彼此交流，共用資源，讓學生擁有多國文化的學習空間以及培養對人類關懷的胸襟。

在此同時，近年來相當關心花東發展的公益平臺基金會董事長嚴長壽先生，由於彼此理念相近，因此我力邀他擔任我們臺東均一中小學董事長，將來朝雙語教學及十二年學制發展，以發揮學子們的各種專長。

說到青年的教育，國際佛光青年總團成立十五週年了，去年七月，世界各地的青年聚集在澳洲南天寺舉辦了幹部會議；緊接著八月，來自全球四十個國家和地區、四百餘所知名大學、一千五百位碩、博士生，不分種族、宗教，再度齊聚佛光山參加「國際青年生命禪學營」，共同體驗禪門生活。他們發願「做好事、説好話、存好心」，透過友誼的交流，開闊視野，擴大心胸，充滿了力量與希望。佛教需要青年，青年需要佛教，期盼大家以耐心、包容來接引更多的青年。

除此之外，我踏徧春花競發的南方、走過暮冬寒露未散的北方，展開一連串與大陸各大學結緣的行程。首先，應北京大學周其鳳校長之邀，來到「五四」運動的發源地，於校長辦公樓講述「禪文化與人生」，並且受聘爲北大名譽教授。不久，周校長也率團至佛光山、佛光大學訪問。我對周校長説，佛教是一種教育，寺院是四衆共有，佛教從事人心的淨化，可以建設和諧善美的社會。

四月，廈門大學建校九十週年，我應朱崇實校長與新聞傳播學院張銘清院長之邀，在該校講「空有之關係」。隨之，再轉往也有百年校齡的中山大學，許寧生校長邀我在他們的懷士堂講「人生財富知多少」。同月底，又受澳門大學趙偉博士邀約，作一場人生與佛教的講座。一個月之後，前往建校九十週年的南昌大學，接受周文斌校長頒贈名譽教授。

九月，我在鑒真圖書館「揚州講壇」，以「生涯的規畫」爲題談自己生的九個階段，提供大家對生命觀的參考。翌日，前往揚州大學與師生們「談心」，郭榮校長也頒給我佛學研究所名譽所長聘書。

這麼多次的講説當中，人生與財富是大家最關心的主題了。其實，佛教並不全然否定錢財，反而鼓勵在家信衆，追求合理的淨財。學佛不以窮苦爲清高，心靈的歡喜、解脱、慈悲、智慧，纔是安住身心的法財；因此，在臺中、高雄、香港、臺北、花蓮等地的皈依典禮上，以及傳授五戒菩薩戒中，我都鼓勵大家用發心、行佛爲自己寫歷史，創造人生無窮無盡的財富。

説到心靈的法財，去年「江西禪文化之行」令我印象深刻。我應江西宗教文化交流協會的邀約，巡禮了「馬祖道場」南昌佑民寺，也走訪淨土宗祖庭廬山東林寺；我登上曹洞宗祖庭雲居山真如禪寺，也參訪臨濟宗祖庭黃檗禪寺，禮拜黃檗斷際禪師祖師塔等。

想起過去禪門祖師大德的風範，不禁心有所感。禪，起源於印度，發展於中國，光大於江西，參禪學道者，一雙芒鞋雲水走江湖（江西、湖南），只爲尋找生命的答案。未來應再發揚禪的精神，這對於安定人心、

自我肯定必有很大的貢獻。九月底，我在探訪丹頂鶴的故鄉鹽城之後，北訪歷史文化名城——山西大同，出席「雲岡建窟一千六百年慶典活動」。我兩去世界上最美的雲岡石窟，也參訪華嚴寺、善化寺、法華寺、佛光寺，就不難知道爲什麼人們要說「地下文物看陝西，地上文物看山西」了。

這些年來，往返兩岸多次，始終不曾忘記一九八九年首次回鄉探親時，希望復興祖庭宜興大覺寺。這個心願，一直到二〇〇五年纔得以實現。如今大覺寺第三期工程將於今年開始，我也前去給予一些建設上的規畫。

常有人問我，弘法五大洲之後還有什麼願望？其實，我真心盼望的，就是兩岸的和平，民衆的安樂，享有自由、安全、幸福的生活。因此，我在種種活動中，不斷提倡「三好」、「五和」的人生。

像去年三月，我應鳳凰衛視總裁劉長樂先生之邀，在人民大會堂舉行的「鳳凰十五週年慶典晚會」上講話。期間，也有因緣與國臺辦王毅主任、海協會陳雲林會長、葉小文先生、王作安先生等見面。感念這些年來，這許多才華洋溢的領導人他們的情義相助，重視友誼，讓我對促進兩岸的和平盡一己之力。尤其，陳雲林先生在大陸各地和我不只四五次的見面，王毅先生在我每到北京時，也會邀約我見面或餐敘，銘感其盛意，讓我覺得對於兩岸的和平往來，非要促進發展不可。

五月，我在國際佛光會「中華總會」榮譽總會長吳伯雄先生陪同下，第三度參加在凱達格蘭大道上舉行的慶祝佛誕節大會。蕭萬長先生說，佛光會連續三年在凱道舉行盛會，讓全世界的人看到臺灣的民主自由，可謂意義深遠。同時，他也肯定了佛光山提倡「三好」、「五和」，對社會净化的貢獻。而在《迷悟之間》紀録片中，我也表示，「鴉片戰爭」之後，種種事端戰禍，都是源自於對立。但願消除人我紛爭，以慈悲尊重相處，這纔是民衆之福。

接著八月二十三日，由「文建會」號召，國際佛光會承辦，在「佛陀紀念館」舉行「愛與和平宗教祈福大

會」，我與馬英九先生、單國璽樞機主教共同點亮地球，和現場天主教、基督教、伊斯蘭教、道教、一貫道等各宗教領袖代表、信徒，以及國際反地雷組織青年大使宋可邵小姐、倫敦西敏寺署理市長馬歇爾博士等三萬餘人，在一片燈海中，一同許下「人間有愛，世界和平」的心願。

隨後，應邀在首屆「馬祖國際和平論壇」中，與單國璽樞機主教、紅十字總會陳長文會長，就「公益與和平」的議題發表意見。我說：「公益要有人、和平要無我，透過實踐『三好』，可以達到和平。」承蒙單主教也說：「『三好』運動的力量，遠比炮彈更具威力！」這樣宗教間的交流，讓我感受人間情義的美好。除此，去年也有許多友誼的往來，好比世界華文作家協會趙淑俠、陳若曦、施叔青等近兩百人，在秘書長符兆祥帶領下，前來佛光山召開會員大會。文人一直爲我所尊敬，他們用筆爲人類寫下永恒美麗的篇章，他們的精神與歷史同在，與日月同光。

此外，令人欣喜的是，弟子妙樂、妙璋、覺元、覺居、如宏、妙勤、妙兆、覺禹、覺藏等邀約高雄、屏東、臺北、臺中、員林、臺南、新竹、嘉義、苗栗等地的鄰里長，如高雄市里長總主席林平長先生等數千位鄉親代表，前來參觀「佛陀紀念館」。我一一與之交流、講話，希望讓大家獲得佛法的受用，把歡喜平安帶回去。

而由心定、心培、慈惠法師主持策畫的國際三壇大戒，有五百名僧衆受戒，其間有三千名信衆受菩薩戒，也在十一月底圓滿盛會了。這五百名戒子，以二十二天的時間，參與「佛祖巡境，全民平安」行脚活動。在沿途每一站信衆的護持下，用雙脚走過臺灣，祈願佛陀真身舍利護佑這片土地及所有民衆，也爲全世界獻上至誠的祝禱。平安，真是舉世衆所希求。

確實如此，回首二〇一一年，日本東北大地震、澳洲昆士蘭水災、泰國水患等，造成不少的傷亡與損失。都監院慧傳法師、佛光會慈容法師、覺培法師等，號召全球佛光人在第一時間協助賑災，配合當地僧信二衆，

以實際的行動提供物資的支援，以慈悲的語言撫慰受災的朋友。全球佛光人所在之處，真爲世間的苦海，點亮心靈的明燈。

從這些天災人禍中，讓我們深刻體會生命就在呼吸間，彼此是同體共生的「地球人」。不僅要重視環保，更要重視心保，消除貪婪、嗔恨、愚癡等習氣，只要小我健全、净化了，推展開來，地球必能恢復青山緑水。

回憶前塵往事，可謂有「人生一瞬」的慨嘆。我這老朽的身軀，常覺力不從心，偶爾天光微亮，一人獨坐，慶幸佛陀的慈愛常駐心中。想及去年點滴的弘法發展，都是匯集衆緣纔能成就，應歸功於全世界的有緣人。像日本、歐洲、澳洲、美加，甚至遠在南半球的南美洲、非洲等地，已有多年没有去了，我也很希望有重遊的機會，和一些朋友、信徒們見面，感謝大家對佛光普照、法水長流的貢獻；但是，爲了佛館，我只有忍住這份躍動的心情。現在佛館雖然落成啓用了，路纔正要開始，還有許多需要大家的關照，希望善信朋友們再予護持。

文末，藉此辛亥百年之時，願龍天護佑，人人發光發熱，爲渺小卻又尊貴的生命，活出無限的價值。更願人心如佛心，世界如佛國，戰爭遠離，和平永在，災難止息，萬世太平。祝福大家

所求如願

自在吉祥

星雲　合十

二〇一二年元旦

於佛光山開山寮

二〇一三年新春告白

各位護法、朋友們：大家吉祥！

開春伊始，適逢中國的小龍年，我以「曲直向前，福慧雙全」先祝福大家，人人具有小龍百折不撓的精神，對未來懷抱希望，對人生不滅信心，百尺竿頭更進一步。

去歲昨年，「佛陀紀念館」成爲臺灣訪客最多的道場。春節期間，「交通部長」毛治國先生來此巡禮，在觀察往來人潮車流後説，五天假期應該超過百萬人次。後來高雄市觀光局統計，光是二〇一二上半年就有六百七十萬人次造訪，相對的，高雄市各個飯店住房率也跟著升高了。這不但是佛館的成就，也是對高雄、對臺灣的一大貢獻。當初建設的時候，我就有一個期許，希望以「佛陀紀念館」作爲臺灣文化的視窗，讓全世界看見佛館，就能看到臺灣。感謝佛陀的光明照耀，這個願望終於達成；同時感謝「交通部」、「觀光局」、「水利局」，以及高雄陳菊市長和市府團隊的支持，未來在高屏溪畔擴大增設便道和停車場，解決塞車、停車的問題後，就能提供社會大衆更大的服務和方便了。

這一年，在館長慈容法師帶領下，佛館舉辦了近百場的藝文展覽活動。從蔡志忠的「金銅佛造像收藏展」；七百多位小朋友「我愛佛館」的純真畫作；世界文化遺產「山東青州龍興寺佛教造像展」等，都讓來訪的人士驚豔不已。值得一提的是「百畫齊芳」李奇茂、周澄等百位藝術家以他們的彩筆，傾注心力，爲佛館留下清浄莊嚴。其中，梁丹豐女士的「慈悲的引領」，長七米多，全館景致躍於紙上，令人稱嘆。而長久以來我一直歡喜的少數民族，去年六月，在佛館展示五十六個民族的服裝特展，那亮麗的色彩、多元的生活文化及精湛的傳統工藝，真是豐富了我們的常識，爲社會增添多彩多姿的一頁。

本館中，三百六十度環繞舞臺設備的大覺堂，兼具會議研討與動態表演功能。去年六月，由公益信托教育基金、國際佛光會與遠見天下文化教育基金會共同舉辦第一屆「星雲人文世界論壇」，以「看見改變的力量」爲主題，邀請美國哈佛大學傅高義教授講授「鄧小平改變中國」，我也以「人間佛教改變人心」作了一場講說。十月，適逢佛光會成立二十週年，二〇一二年「國際佛光會世界會員代表大會」開幕，我也在大覺堂發表了「幸福與安樂」。

爲了鼓勵對媒體、文化、教育工作有貢獻者，公益信托教育基金也陸續在大覺堂舉行第二屆三好校園實踐學校、第四屆真善美新聞傳播獎，以及第二屆全球華文文學獎頒獎典禮，期盼藉此鼓勵並支持更多優秀人士、團體，爲我們的社會注入一股美麗的清流。

去年五月，近百位菲律賓藝術學院學生演出「佛陀傳音樂劇」後，唐美雲歌仔戲團演出地藏王菩薩的「大願千秋」，以及北京京劇團遲小秋女士帶領青年團表演多齣精彩的「摺子戲」等，這些都增添了佛教的藝文化。

尤其這一年，有多所宮廟的神明包括媽祖、三太子、王爺、元帥、溫府千歲等等，都說要來佛館禮拜他們的「老大」——佛祖。我一聽非常歡喜，特別囑咐弟子要熱烈歡迎，並且讓祂們與佛陀排排坐。所謂佛道一家親，佛館如大海，我樂見各宗教神明、信徒的到來，讓人間的和諧、尊重、包容在佛館實現。承蒙建築金獎甄選委員會看到我們提倡文教、回饋社會的努力，頒給「佛陀紀念館」「二〇一二年文化教育金獅獎」的肯定。

爲了提倡全臺閱讀，二〇〇七年佛光山文教基金會成立「雲水書坊」行動圖書館，去年全臺更有五十部雲水書車結合衛教功能的「雲水護智車」，由「教育部長」蔣偉寧先生授旗，正式啓動全臺巡迴了。期許這五十部書車，如海鷗展翅飛翔，將書香帶到偏遠鄉鎮，讓人人擁有知識的軟實力；倘若有人願意發心護持，或捐書、或護車，或擔任變魔術的義工叔叔、講故事媽媽等，都非常歡迎大家一同參與。

説到讀書，去年佛光山出版了《僧事百講》六册、《佛光山開山故事》、《金玉滿堂》教材，以及大陸簡體版、數十種世界各國語文叢書等。其中，我應「國史館」之邀，口述了《百年佛緣》。往事歷歷在目，彷彿又重走一次動蕩的年代。雖然回憶起來不免辛酸惆悵，卻也體認到，人在大時代的洪流裏，最需要的是忍耐與勇氣，這一段貧窮、戰亂與苦難，成爲我人生寶貴的資糧。蒙大家喜愛，我又另外口述五十篇，預計今年可以出版。

此外，感謝天下文化編輯《前進的思索》這套書，將我講説「人間佛教」的相關文章收録成書，名爲《人間佛教何處尋》。感於「人間佛教」是現世所需、是未來的一道光明，去年佛光山成立了「人間佛教研究院」，承蒙徒衆推我爲院長，慈惠法師擔任執行副院長，並邀請南京大學程恭讓教授爲主任，期盼爲「人間佛教」在當今時代作出的貢獻留下歷史，明白「人間佛教」是救世之光，是人類希望所在。

多年來，佛光山實踐「人間佛教」不遺餘力，關懷大衆，敦親睦鄰是義不容辭的事。好比高雄大樹的特産玉荷包荔枝，佛光山每年在産季大量採購，一來分送有緣人，二來助農免於低價賣出之苦。去年，擴大舉辦「國際水果節」，廣邀果農免費設攤推廣，短短三週數量就超過百萬斤了。之後，果農們組成「農友會」，佛光山願意長期關懷農民，照顧果農們的收益。有功德、有歡喜，買者賣者皆蒙利益，這真是最好不過的事了。

説了歡喜的事，去年也有讓我遺憾與感懷的。連續四年，我們在凱達格蘭大道舉辦的「佛誕節暨母親節慶祝大會」，獲得國際人士的注目與參與，把佛陀的慈光、歡喜散佈人間。遺憾的是，不到兩週，竟傳出「内政部」以宗教平等爲由，預告擬修正取消由兩百零七位立委簽署提案通過的「佛誕節」。爲了護教，捨我其誰，我特地撰寫《臺灣容不下佛誕節？》據聞引起海内外佛教徒共鳴，齊心向有關單位反應，佛教界也舉行「佛教團體座談會」，表明捍衛佛誕節的決心與立場，大家團結一致，終得讓當局看見佛教對社會的貢獻，「内政部」纔允諾不再取消佛誕節。

八月，多年好友天主教單國璽樞機主教因病往生，四十餘年來，我們毫無宗教隔閡，二人情誼彼此珍惜，還曾相約來世他做他的主教，我當我的和尚，共同爲世界和平努力。欷歔之餘，特於佛光山如來殿舉行由各宗教界聯合發起的「宗教界緬懷單國璽樞機主教追思會」，現場三千餘人出席，表達對單主教的緬懷與追思，希望各宗教以和平、交流作爲共同追求的方向。

談到交流，來往確實是人間最美的事。去年十一月，我與泰國頌德帕摩訶維拉翁（Somde Phra Maha Weerawong）、三盤塔翁寺（Wat Samphanthawongsaram）等副僧王會晤，針對南北傳佛教我提出團結、統一、動員等三點意見；在赴新馬弘法期間，也分别與新加坡副總理張志賢以及馬來西亞首相納吉先生會晤，加上前二任馬哈迪先生、阿都拉先生，可以説我們共同爲佛教與伊斯蘭教寫下善美的紀録。

而飲食和體育是建立友誼的最佳平臺。去年四月，由江蘇宜興市人民政府主辦、佛光祖庭大覺寺協辦的「二〇一二兩岸素食文化暨緑色生活名品博覽會」，首次在大覺寺舉行。素食推動環保，讓地球節能減碳，兼具長養慈悲護生的功德，五天湧進二十萬人潮，良好的秩序、零公安事故，獲得官方的肯定、媒體的好評，便相約今年同一時間再度舉辦。

七月，「三好」體育協會於佛光大學舉辦「二〇一二年佛光杯大學女子籃球邀請賽」，有來自北京大學、南京航空航太、南昌、大連理工，以及臺灣的師範大學、臺北教育大學、體育大學、佛光大學等八支球隊參加，最後由北京大學奪得冠軍，亞軍則留在佛大。輸贏倒是其次，重要的是，爲兩岸年輕學子的交流再添美好的一章。

所謂「樹有根，人有本」，臺灣佛教與大陸佛教有著密不可分的關係，因此對於「人間佛教」在大陸的弘傳，我都樂做不請之友。去年四月，無錫市邀我講説「認識自己」後，徐州也邀我講述「幸福安樂之道」；我

想，「人間佛教」提倡幸福安樂，從認識自己開始，就會有前途、有未來。尤其九月間，國際聞名的「第六屆夏季達沃斯經濟論壇」在天津舉行，主辦單位邀我主講「信仰的價值」，這是論壇創辦四十二年來，第一次邀約佛教人士講說「信仰」問題；可見經濟高度發展後，人們開始重視心靈的安頓、精神生活的提升。我也就非常樂於前往結緣了。

去年，全球弟子致力弘法事業，獲得許多榮譽。如：覺培受邀出席「二〇一二年博鰲亞洲論壇」，成爲首位在該論壇發表演說的比丘尼。接著，芝加哥滿普傳回訊息，美國伊利諾州州長 Mr. Pat Quinn 頒訂每年五月十六日爲「國際佛光日」；多倫多的永固代表獲頒英國女皇伊利莎白二世登基六十週年「鑽禧獎章」，這是加拿大政府對佛教關心新移民的感謝。

十月時，倫敦的覺如也代表佛教前往白金漢宮，對英國推動多元文化，尊重、融和各民族的成就表達祝賀。我聞之歡喜，並以一筆字「仁政仁心」致意。滿信出席在威靈頓皇家員警學院舉行的畢業檢閱禮，她是紐西蘭警界的第一位佛教輔導法師。依來代表佛光山接受「法務部」頒贈的「保護有功團體貢獻獎」，如常則獲得「教育部」頒贈「社教公益獎個人獎」。這種種殊榮，欣慰的不僅是徒眾的成長，尤其樂見佛教爲世人所肯定。特別是去年九月舉行「佛光山第九屆宗委會宗委選舉」，選出年輕一輩的徒眾擔任宗委，有：慧傳、覺培、慧濟、如常、慧讓、覺居、妙士、妙凡、慧知，以及候補委員：妙樂、覺元、妙蓮、覺禹、慧屏，並推選慧濟法師（心保和尚）擔任第九任宗委會主席（宗長）。佛光山的宗委選舉，象徵世代交替，弘法責任的承擔，吾欣慰佛教傳燈有人，期許他們效法先賢，爲法爲教，續佛慧命。

看到弟子們的努力，我也不懼老邁的色身和行動上的不便，在日本、泰國、新加坡、馬來西亞等地弘法並主持多場三皈五戒典禮，總加應有數十萬人與會吧！過去我曾多次到新馬泰訪問，距一九六三年第一次的到訪，也剛好五十週年了。我對當地信眾求法的熱情、擁護佛法的教性一直念念在心，特別是弟子覺誠，號召新馬佛光人、佛教徒，在新加坡國立室內體育館舉行萬人盛會以及馬來西亞莎亞南體育場八萬人的弘法大會，大家共同爲社會和諧、世界和平祈願祝禱。我不禁想，這哪裏是我主持？這法宴是所有與會的護法大眾所成就的啊！弘法責任的承擔，吾欣慰佛教傳燈有人，期許他們效法先賢，爲法爲教，續佛慧命。

全球各地別分院在佛光人努力之下，展現一些成果。滿潤帶我巡視日本羣馬法水寺的預定地，泰國的覺機、妙慎帶我探勘曼谷泰華寺，都將在今年動工；前者完成後將成爲日本的總本山，後者則由心定和尚擔綱籌建，未來是南北傳佛教的交流中心。僧眾有寺院可以安心弘法，信眾以道場爲法身慧命之家，就可順利開展各項利生事業。而歐洲巴黎法華禪寺由滿謙領軍建設，澳洲墨爾本爾有寺由滿可帶領弘法，也分別由心定、心培和尚主持開光落成。我因年邁不勝路遙，只有以錄影方式向大家致意。

二〇一二年供僧法會，吳敦義先生、佛光會「中華總會」榮譽總會長吳伯雄親臨與會，來自十多個國家和地區逾六千位僧信、嘉賓齊聚佛光山，承蒙遠見天下文化創辦人高希均教授贈我「華人世界傑出貢獻獎」。此外，澳門大學也頒贈榮譽博士學位予我，徒眾說這是我第十三個榮譽博士學位；其實，我一生從未進過學校，沒有領過一張畢業證書，這些都來自叢林「以無理對有理，以無情對有情」的教育養成；想我一介僧侶，盡己之力，投身佛教事業，與其說今日爲大家所肯定，不如說是海內外佛光人共同爲「人間佛教」努力的成果吧。

迎新送舊之際，每個人都要爲自己的生命寫下歷史。佛館落成期間，我因腦內血管硬化合併右側額葉缺血性腦中風，感謝佛菩薩的護念，以及高雄長庚醫院陳肇隆院長號召醫療團隊爲我醫治，恢復的情況相當好。雖然手腳有些不便，但我的頭腦還清楚，我的手還能動、還能寫「一筆字」、還可以講話，能與大家結緣，行年至此，我感受生命「也無風雨也無晴」、不憂不懼、不喜不怒、無輕無重的平靜和歡喜。

所以我想，人生縱有曲曲折折、風風雨雨，不懼曲折困境，效法菩薩精進向前，所謂「向前有路」，向前的人生必定有希望。願佛陀保佑大家

吉祥平安

星雲　合十

二〇一三年元旦

於佛光山開山寮

所以我想，人生縱有曲曲折折，風風雨雨，不懼曲折困境，效法菩薩精進向前，所謂「向前有路」，向前的人生必定有希望。願佛陀保佑大家

吉祥平安

於佛光山開山寮

二〇一三年元旦

星雲　合十

二〇一四年新春告白

各位護法、朋友們：大家吉祥！

今年佛光山開山四十八年，我也邁入八十八歲耄耋之齡了。回顧我雲水弘法的人生，深刻體會到「走出去，就有希望；走出去，就有未來」的道理，時值馬年初春，祝福大家生活發展、事業順利，「駿程萬里」，向前有路！

自開山以來，繼我之後有心平、心定、心培擔任住持。去年三月，佛光山舉行了「第九任住持晉山陞座法會暨臨濟宗第四十九代傳法大典」，由心保和尚接任住持，並有慧傳、慧倫、慧開、慧昭、慧峰法師擔任副住持。看到佛光山依照制度，選賢與能，心中甚感欣慰。我告訴他們，佛光山是人間的、開放的、團隊的、傳承的教團，大家要創新未來，開展新的里程碑，將「人間佛教」偏佈全球。同時傳法予來自五大洲七十二位法子，如：臺北市佛教會理事長明光法師、「中華國際供佛齋僧功德會」理事長淨耀法師等。

應「國史館」之邀，由我口述歷史的《百年佛緣》在前年出版後，我又繼續講述了數十篇，搜集一六〇〇張照片，於去年四月出版一六〇萬字、共十六冊的增訂本，並且在臺北「國家圖書館」舉行新書發表會。十月，簡體字版也由北京三聯書店正式出版，我受邀出席國家圖書館舉辦的首發會，並以「看見夢想的力量」作講演。

回顧往事，歷歷在目，最是感激佛陀與一切眾生的成就。我自戰爭中走來，深深體會和平的不易與可貴，若非佛法，如何橫渡烽煙裏的生死離別、淬礪人世間的榮辱得失，怎麼將苦難轉爲信心勇氣，將滄桑化作希望？尤其這些年在建設佛光山、「佛陀紀念館」後，對佛陀更有一種難以抑止的情緒，於是我寫下《佛陀，您在哪裏？》裏頭有我八十多年尋找佛陀的心情告白。所謂「天下唯心，法界悠然，盡未來際，佛在心裏」，祝願更多的有緣人，與佛陀接心。

有感於「人間佛教」對未來佛教發展的重要性，成立一年多的「人間佛教研究院」於三月下旬，與南京大學中華文化研究院共同在佛光祖庭宜興大覺寺舉辦「人間佛教理論實踐學術研討會」，我應邀和與會學者講話時提到，「人間佛教」就是原本的佛教，是幸福的、平安的、歡喜的、平等的佛教。希望大家一起來發揚，還給佛教一個本來面目。

佛光山向來重視教育，我的辦學理念是不只「辦一所學校」，更希望「辦一所好的學校」。去年元月，曾爲臺灣地區「教育部次長」的林聰明博士就任了南華大學校長，他要我在共識營上爲師生講話，我以興學要旨：生活是正派的、思想是開放的、倫理是規範的、技術是多能的，希望大家在汲取知識的同時，精神生活也要豐富充實。

此外，我也應佛光大學楊朝祥校長之邀，出席「二〇一三年全臺大專校院校長會議」，會上還有馬英九先生及全臺大專院校百餘位校長參加，我寄望未來佛光大學成爲世界佛教研究中心。同時，感謝西來大學前校長吳欽杉博士的勞苦功高，使校務穩定發展，新任校長 Dr.Stephen Morgan 已於六月接任，期待西來大學有一番新風貌。我也要告訴大家一個好消息，去年「世間解大學」已正式獲得菲律賓教育部通過成立，成爲佛光山創辦的第五所大學，未來將以人文、藝術、佛學爲主要發展方向。

我從小沒有進過學校，也沒有見過學校，承蒙大家給予我鼓勵，去年山東大學、武漢大學、中國人民大學授我名譽教授，陸續也有澳門大學、中正大學分別贈我榮譽人文學、名譽社會科學博士學位。徒眾算一算說，至今已有十四所大學給予我這樣的榮譽了。這些加冕，實在令我愧不敢當，希望以此鼓勵更多的人，縱然沒有機會讀書，也不能自我放棄。讀書不一定靠別人，還可以用耳朵聽、用頭腦思考，只要有心、用心，必有所增長。

此外，應大家給予我的助緣，讓我有機會至各大專院校或相關單位訪問。去年應邀至國家博物館、天津圖

書館、內蒙古烏蘭恰特大劇院、太原中國煤炭中心、國家圖書館、廣州中山紀念館、珠島賓館、「揚州講壇」等講說，另外，也在海南廣播電視總臺講「幸福與安樂」、山東大學講「天地人」、中國人民大學勉勵學子「怎樣找回自己」，甚至在六祖惠能大師肉身舍利所在的南華寺曹溪講壇講「佛弟子的夢想」等。

除了各界這些的鼓勵，去年二月，我受邀和國民黨榮譽主席連戰先生率領的臺灣訪問團前往北京訪問。在人民大會堂與中共中央總書記習近平先生的見面會上，被推爲民間三位發言者之首。我提出，兩岸交流在政經之外，可以在文化、教育上多加往來，之後並以一筆字「登高望遠」相贈。隔日，訪問團也拜會了前國家主席胡錦濤先生；不久，也於揚州與前國家主席江澤民先生會面。有人說，我是第一個與先後三任國家領導人見面的出家人，其實，我心所願是希望大家都能多重視中華文化和佛教浄化人心的功用，讓佛教爲社會民衆帶來和諧與安樂。

三月，由鳳凰衛視等十餘家華文媒體共同舉辦第七屆「世界因你而美麗——影響世界華人盛典」，贈我「影響世界華人終身成就獎」。四月，我應邀出席「博鼇亞洲論壇二〇一三年會」，再度與鳳凰衛視總裁劉長樂先生見面，一起探討「誠信的力量」。接著出席由蔣曉松先生主持的「亞洲與文化」和「健康與旅遊」圓桌會議。這場由二十八個國家發起，數十國領袖出席的世界經貿大會，加入了人文的主題，可見，無論環境如何變化，經濟如何高度發展，在物質的滿足後，人們仍希望回歸精神層面，追求心的信仰，讓心靈有所寄托。

十月，我接受聯合國國際生態安全合作組織執行委員會頒贈「世界生態安全獎」。同月，在「二〇一三第十一屆華人企業領袖遠見高峰會」上，由馬英九先生手中接過「華人企業領袖終身成就獎」；而中央電視臺也魏剛授予我「中華之光」的榮譽。這種種殊榮，應是全球佛光人共同獲得，我僅代表大家領受，倘若沒有佛陀的庇佑、衆人的護持，怎會有今日的佛光願景？

去年一整年，我的「一筆字」陸續在海南、天津、北京、內蒙古、山西、甘肅、西安、河南、廣東、雲南等各省博物館展出。期間，媒體說我是第一個在國家博物館展出作品的出家人，其實，都要承蒙大衆不棄，我那沒有規格、自成一體的「一筆字」，一直爲我廣結善緣。特別是十月間，爲籌募祖庭大覺寺藏經樓基金，舉辦「興建藏經樓義行」，由陽光文化基金會董事會主席楊瀾女士、中央電視臺主持人崔永元以及上海海派清口創始人周立波共同主持。我除了將歷年來人家贈予我的禮物全部捐出義賣，也有許多人表示爲「一筆字」而來。我很高興大家不只看我的字，還看著我的心，隨緣歡喜發心贊助，將智慧留給兒孫，把功德留給自己。

另外，分別於宜興大覺寺及揚州鑒真圖書館舉行的「國際素食文化暨綠色生活名品博覽會」，五天期間，前者有超過三十萬人到訪，而第一次在揚州舉辦的「素博會」，也超過十八萬人參加。揚州市政府說「這超乎預期太多了」，打破對素食的既定觀念。《揚州晚報》則以「『素博會』傳遞義工正能量」報導臺灣的義工精神、組織及風氣的養成。「素博會」的推動，促進了兩岸交流，吃出健康、吃出和平，可謂皆大歡喜。

爲了履行我前年對新馬信衆的承諾，去年十一月我再度前往，分別出席於馬來西亞雪蘭莪州沙亞南室內體育館，及新加坡室內體育館舉辦的「二〇一三三皈五戒暨爲國家祈福祈願祝禱」。特別是「大馬好青年音樂會」兩萬名青年積極的參與，掀起大衆對信仰的熱情，感受佛教未來的希望。而甫自斯里蘭卡回來的新加坡總理李顯龍先生，親自出席盛會爲國家社會祈福。李總理表示，新加坡各種族互相尊重，包容不同宗教信仰，並肯定當地佛光會員，不分宗教、不分種族服務大衆，讓新加坡受惠。感謝李總理的讚揚，我特以一筆字「心有大千」相贈致意。

「佛陀紀念館」自落成以來進入第三年，每年突破一千二百萬人次參訪。據媒體報導，羅浮宮每年約八百萬人參觀，看來佛館已成爲另一種「臺灣奇跡」。

光是去年，佛館舉辦了國際會議、佛化婚禮暨菩提眷屬祝福禮、梵唄音樂會、歌仔戲、兒童劇團演出等藝文活動，也有「人性與愛——李自健油畫世界巡展」、「臺灣二十一名家聯展」以及大陸十六家博物館聯合展出的「光照大千——絲綢之路的佛教藝術」、「唯有慈悲——楊惠姍、張毅二十六年琉璃之人間探索」、兩岸文化遺産節「弘一大師、豐子愷護生畫集」等精彩展覽。

特別在九月，由高雄市政府主辦，於「佛陀紀念館」舉行「佛光山二〇一三國際書展」，帶動了南臺灣的讀書熱潮，陳菊市長還特地前來爲小朋友講故事。而遠見天下文化事業羣創辦人高希均教授主辦的第二屆「星雲人文世界論壇」，諾貝爾文學奬得主莫言先生不遠千里出席，發表「文學家的夢想」。幽默又深刻的講説外，並允諾成爲佛館首位「駐館作家」。

此外，一場從佛館跑到真福山的馬拉松賽，傳遞了愛的意義，也紀念了令人尊敬的單國璽樞機主教。導演劉家昌先生在佛館舉辦三天的「有您真好：劉家昌音樂會」，將所得捐出作爲文教之用，也令人讚佩。還有，擴大舉辦的「神明聯誼會」，不只是宗教融和的表現，也呈現了中華文化的多元。這許許多多的人間歡喜事，每日在佛館發生，相信教育、文化的功能會逐步發揚，讓全世界人士看到「人間佛教」的真善美好。

爲了回應世界書香日，在連續五年於凱達格蘭大道舉行的「慶祝佛誕節暨母親節大會」上，佛光山及佛光會「中華總會」捐贈千餘册「人間佛教研究叢書」予全臺大專院校，由馬英九先生與我共同揭幕。之後，並跨海到國家圖書館、北京師範大學、清華大學等學術單位，讓書香飄得更廣、更遠。

歷經十餘年編纂二十大册的《世界佛教美術圖説大辭典》，去年五月正式發行。十多年以來，在主編如常法師的帶領下，感謝世界各地學者、義工協助搜集資料、查找歷史、編輯校對。學者表示，這套大部頭工具書的出版，補足了上世紀世界佛教美術圖像的空白，恍若大唐盛世再現，不但保留了前人的智慧，也爲佛教寫下歷史新頁。

世間起落無常，天災人禍常會無預警發生。去年四月，四川雅安發生規模七級强震；十月，菲律賓宿霧發生七點二級大地震；十一月，强颱「海燕」重創菲律賓，國際佛光會都在第一時間動員賑災。尤其，馬尼拉萬年寺成立「『海燕』風災指揮中心」爲災民緊急疏困；同時，佛光山菲律賓藝術學院的《佛陀傳——悉達多音樂劇》，陸續在馬尼拉、洛杉磯、舊金山義演，爲飽受天災摧殘的同胞祝禱，並將所得作爲賑濟之用。祈願佛陀加被，撫平人們内心的傷痛，重建信心，建設美好的家園。

去年八月，佛光山榮譽功德主潘孝鋭居士高壽九十三歲捨報，我特地前往拈香致意。這位與我相識半世紀以上的護法，從開山之初即給予完全的信任，無論老幼安養、急難救助，或建寺弘法、文教事業，無不率先慷慨解囊、發心護持。他低調行事，從不自我宣揚，可謂難得。無限的感念，只有寄予深厚的感謝。

過去一年，因體弱力衰，不及往年行動自如，幾番進出醫院。但個人事小，弘法利生事大，因此，不減效法祖師大德的脚步，講演、寫字、會客、著述、課徒，一如既往盡己隨緣。只是，色身畢竟有限，除了眼睛模糊，聽力也不如以往，對於衆人所求無法一一滿願，只有請大家諒解了。

儘管如此，出家七十六年來，不敢説對佛學有多麼高深的研究，但對於佛教的種種現況，乃至被大衆錯解的名相，自己倒有許多體會。因此，今年我將爲大衆講説「佛法新解」以及對佛法的體悟，並與大衆同沾法益。

在此，祝願各位朋友：堅定信心，做己貴人，不怕困難，勇往直前。新的一年

希望奔騰　平安吉祥

星雲　於佛光山開山寮

二〇一四年元旦

二〇一五年新春告白

各位護法、朋友們：大家吉祥！

一年春盡一年春，晴窗日暖山花紅，時序來到乙未羊年，先祝福大家四季花開，三陽和諧。

昨年春節伊始，爲了幫助大學建設，我分別在臺北道場、惠中寺、「佛陀紀念館」、南臺別院主持「佛法真義」講座，希望把自己一生從佛陀那裏體會的法義妙味，供養與會大衆。想起早年，法師講經佈道，得四處拜托人來聽講；六十年後，不用喇叭、不用廣播，而有這麼多善心人士共同爲一個理想，以繳學費的方式來聽經聞法、護持大學，可見佛教徒的願心、道心也升華了。

過去，一所大學的設立，大多靠政府資源，現在我們民間參與辦學的人，都因佛法的緣分齊聚，憑著爲教的發心，每人每月一百元臺幣，仿佛螞蟻雄兵，匯集百萬人的力量，聚沙成塔；臺灣佛光、南華、美國西來、澳洲南天以及菲律賓光明大學，如今都有了一些成果。爲此，在佛光大學懷恩館舉辦「百萬人興學紀念館落成感恩法會」的最後一天，我特地從北京趕回來向所有興學委員致謝，相信，在世界大學的歷史中，這將是一道特殊的光輝。

說到北京，去年二月，我再度受邀前往釣魚臺國賓館與習近平總書記見面。總書記一見到我說：「您送我的書（指《百年佛緣》），我全都讀完了。」我說：「您提倡的『中國夢』帶給中國更偉大、富强的發展，令人激賞。」

翻開史册，佛教從未與政治對立，它可以幫助國家穩定社會秩序、改善社會風氣、净化人心；因此，在全國政協主席俞正聲先生主持的「兩岸各界人士座談會」上，我以「中國夢與人間佛教」爲題，提出「發揚中華文化要加强軟實力的建設、兩岸和平要以五和爲基礎、心靈富足要實踐三好四給、「人間佛教」有益於國家社會」四點意見。

去年四月起，我的「一筆字書法大陸巡迴展」陸續於廈門博物館、泉州閩臺緣博物館、鎮江博物館、上海中華藝術宫、大連現代博物館、山東博物館、杭州浙江美術館、廣西民族博物館等地展出，山東濱州、遼寧覺華島也由當地政府設立了「一筆字書法陳列館」；聽聞我的一張「不忘初心」，在上海一個慈善會上義拍五百萬人民幣。其實，書法是小事，文化的傳播、民族的情感、兩岸的往來纔是主要的，承蒙大家厚愛，不棄我這個衰殘的老人，我只有效法大禹惜陰，不願虚度時光，繼續提筆，以此回饋所有護持公益信托文化教育基金的人。

展覽同時，我也應邀前往上海同濟大學、湖南大學、上海師範大學、浙江大學等，接受校方頒給我的名譽教授；韓國威德大學金正基校長也蒞臨佛光山頒贈我哲學榮譽博士學位。爲了不辜負這許多過譽，我激勵自己對文化、教育更熱誠、更努力。期間，我也以「看見夢想的力量」等主題，主持十幾場講座。有人問什麼是我的夢想？實在說我老了，什麼都不在意，最掛念的就是兩岸和平，因此我提出「中華團結、萬家生佛、社會和諧、人民安樂」，並且希望這個夢想成真。

自從「人間佛教研究院」成立後，由南京大學程恭讓、佛光大學謝大寧、屏東大學陳劍鍠、臺灣大學杜保瑞、武漢大學吴光正等教授參與，以及慈惠、妙凡、妙光等人積極推動下，分別在佛光山、宜興大覺寺舉辦「人間佛教」理論實踐學術研討會、宗教實踐與文學創作國際學術研討會、「人間佛教」座談會、《維摩經》與東亞文化國際學術研討會等，有德、美、韓、日、新加坡、以色列、越南等各地學者專家，共同結集二十世紀以來「人間佛教」發展的成果。

值得一提的是，在博士「人間佛教」論壇上，我與兩岸二十餘所大學、七十位青年博士暢談佛教要帶給人

幸福、安樂、自在、解脱和安身立命，會後，有三十餘名博士竟主動向我要求皈依三寶，看到他們找到信仰目標的歡喜，我也樂於爲他們主持證盟。

在文化方面，去年一年一度的供僧法會上，我們爲海内外信衆呈上幾項佛光山文化獻禮，包括由慈惠領導，永本帶著團隊、義工們編寫的《佛光大辭典》。這部條目逾三萬條、近三千幀圖表、總字數達千萬言的全新增訂大辭典，將爲普羅大衆提供更大的方便。

而在我心中醖釀半世紀的《獻給旅行者三百六十五日——中華文化與佛教寶典》，由蔡孟樺主編，弟子慧寬、慧傳、覺培，如常參與意見下終於出版了。這是緣起於五十年前我旅行世界各地，看到旅館房間裏都會擺置聖經，心中生起：我也要編一本以中華文化爲基調，融和佛教、古德賢人智慧的聖典。

爲此，我在全臺舉辦了六場介紹説明會，除了臺灣各縣市觀光旅遊局、各大飯店業者積極回應參與外，在大陸成立的「星雲文化教育公益基金會」，隨即與人民出版社簽約，以公益的方式印刷贈送大陸各大旅館，讓每個房間都能有一册。弟子永光、永富、滿益、覺元、覺居、覺禹、妙士、妙樂、妙蓮、黄美華等人對此書的推廣，可謂不遺餘力，希望在大家熱烈護持下，日後成立參加傳道協會，讓《三百六十五》弘傳更廣；未來還會出版英、日、韓、德等譯本，歡迎大家一同共襄盛舉。

落成三年的「佛陀紀念館」，在館長如常帶領下有了成果豐碩的一年。除了舉辦河南非物質文化藝展、漢寶德人文書寫與生活美學展、山西太原舞蹈團千手觀音、七寶瑞光——中國南方佛教藝術展等一系列藝文活動，結合素食、環保的觀念，擴大舉辦的「高雄二〇一四年國際書展暨蔬食博覽會」亦廣獲好評。值得賀喜的是，「佛陀紀念館」獲得ICOM國際博物館協會的肯定，成爲最年輕的國際博物館會員。緊接著，又通過國際標準組織能源管理系統ISO50001的認證，這代表在全球佛光人的努力下，佛光山、「佛陀紀念館」已獲得國際的認可。

去年第三届「星雲人文世界論壇」，以「開創人類的未來」爲主題，邀請公益平臺文化基金會董事長嚴長壽、大小創意齋創意長姚仁禄，與遠見天下文化教育基金會創辦人高希均教授，分别就教育、創意、觀念影響未來進行演説，我也以「十場戰争」爲題，期勉大家不妨做一場自我健全的戰鬥。

講到戰鬥，去年七月，由「三好」體育協會承辦，在高雄巨蛋體育館舉行的「二〇一四佛光杯國際大學籃球邀請賽」，在會長賴維正、執行長慧知的力促下，再度掀起熱潮。有來自兩岸以及日、韓、菲律賓、馬來西亞等地，十四支大學男籃、女籃隊參與。精彩的賽事，讓小朋友、家庭主婦、爺爺奶奶、青年學子、上班族依不同時段都來看球，真可謂「全民運動」。這要感謝高雄市陳菊市長的支持，讓佛光杯籃球賽一届一届辦下去。

世界的成住壞空、人間的天災人禍從未停歇，去年馬航接連失事、韓國輪船沈没、雲南地震等災難紛至沓來，臺灣也連續發生空難、氣爆、黑心油等重大公安事件。八月，在臺灣當局指示下，由佛光會「中華總會」主辦、「行政院」協辦，邀請佛教、天主教、伊斯蘭教、道教、基督教、一貫道等五十多個宗教代表、民間慈善團體計兩萬餘人，出席在高雄巨蛋體育館舉行的高雄「七三一」氣爆暨澎湖「七二三」空難事件全臺宗教界追思祈福大會，有馬英九先生、吴敦義先生率領「行政院」、「立法院」、「内政部」、「交通部」、「經濟部」等各級領導以及高雄市長陳菊、澎湖縣長王乾發與會，爲受驚嚇者祈福，爲罹難者祝禱。

儘管肉身的生命有限，法身的生命卻是永恒不死的。所謂「法燈相傳，燈燈無盡」，去年有六十位青年割愛辭親隨我出家、入道，並有韓國軍宗教區教區長頂宇法師、印尼普門道場住持宗如法師、重慶華巖寺道堅法師等七十餘人受法，成爲臨濟宗第四十九代、佛光山第二代法子。我欣見這些菩提根苗的成長，勉勵大家不忘初心，以道、以法滋養慧命，以弘揚「人間佛教」爲職志。

在光輝十月，「國際佛光會世界總會二〇一四年會員代表大會」上，我辭去總會長的職務，由心保和尚接任，副會長則由慈容法師、劉長樂、余聲清擔綱。我深信，世代交替纔能永續下去，老幹新枝纔有盎然新趣。也因此，當國家宗教事務局王作安局長邀約要我爲兩岸中青年佛教人士講述「傳承」時，我欣然應允，在弟子覺培的奔走下，首屆聯誼會順利成辦。我期勉大家要交流、要團結，建立共識，促進進步，共創和諧、和合、和好，讓佛教的未來更有希望。

我常說，寺院要成爲講堂、學校、加油站、百貨公司、人生的地標，讓「人間佛教」的燈塔在各處發光發亮。去年，弟子滿潤主持的日本羣馬佛光山法水寺安基；弟子覺誠負責的馬來西亞柔佛巴魯佛光文教中心教育大樓啓建；弟子滿可主導的澳洲南天大學主體建築將要竣工；弟子滿謙擘畫的巴黎佛光山準備啓用；還有宜蘭「蘭苑」、臺南福國寺、潮州講堂、北京光中文教館、上海星雲文教館等都即將完成。

而我青少年時住過十二年的南京城，儘管很想對當時的新佛教有所貢獻，可惜因緣不具；爲了回報這份滋養恩澤，由佛光山負責重建的南京天隆寺，在九月奠基了。乃至，佛光祖庭大覺寺第三期工程白塔、修道院、大覺石苑等都將在今年完工，藏經樓的建設也要啓動，並且舉行大雄寶殿落成典禮，讓來到祖庭的大衆，有更完備的設施可以使用。這些都成了令人歡喜期待的好事。

回顧過去大覺寺的貧苦、一路走來的雲水生涯，我歷經中日戰爭、土匪橫行、國共内戰，徘徊在死亡邊緣不知多少回。近年來有兩次中風，手脚不便，加上心臟開過刀，話講久了心口都會悶痛，五十年的糖尿病，以致眼前朦朧灰白一片幾乎看不到，耳朵也漸漸退化，但我没有覺得很苦，也没有感到很難，也没有覺得生死可怕，只覺得人生本來就是這樣，我應該要向上、要奮鬥。

因此，所謂「做一日和尚，撞一日鐘」，爲了佛教，爲了兩岸和平，我願意以這個老朽之身，在弘法利生的道路上，只要可以利用的一天，我就一天向前邁進。兩週前，我在「人間佛教座談會」發表「人間佛教」四個宗要——「家國爲尊、生活合理、人間因緣、心意和樂」，希望佛光人本此精神，繼續讓「人間佛教」發揮光熱！願與衆共勉，祈願佛陀保佑大家平安吉祥。

星雲於佛光山開山寮

二〇一五年元旦

二〇一六年新春告白

各位護法朋友們，大家吉祥！

送走乙未羊年，迎來丙申猴年，佛光山走過半世紀，春風依舊百花香。新的一年，祈願每個人都能聰敏靈巧，增福增慧。

人能弘道，非道弘人，教育是百年樹人大計，所以我一向重視。去年元月，我飛往菲律賓關心光明大學的購地、開學等情況，並和當地信衆及藝術學院、佛教學院的學生們接心座談，我雖然看不到他們年輕的臉龐，但聽到他們開朗歡喜的音聲，我深信，教育可以改變未來。

三月，不惜老邁之軀，到澳大利亞悉尼出席國際佛光會大洋洲聯誼會及南天大學啓用典禮，有澳大利亞總理 Tony Abbott、臥龍崗市長 Gordon Bradbery 等四千餘人出席。澳大利亞是個美麗和善的地方，我以「南天廣開聖賢路，大學廣展狀元門」期勉學子。此次，佛光大學校長楊朝祥、南華大學校長林聰明、菲律賓光明大學校長 Helen Correa 等人齊聚，爲此也召開「佛光山系統大學五校合一會議」。

辦大學不容易，佛光山在四個國家地區創辦了五所大學，一路走來的艱辛，真是點滴在心頭，只有向所有功德主、護持者表達萬分謝意。我以「先天下之憂而憂，後天下之樂而樂」勉勵五校發揮犧牲奉獻的精神，互相支援，積極合作，培育出更多優秀人才。

教育方面，全臺唯一的「教育部」生命教育中心，也於三月在南華大學正式揭牌成立。由「教育部」政務次長林思伶和南華大學副董事長慈惠法師主持，全臺學者、教師共襄盛舉，一同爲生命教育的推廣開啓新的里程碑。

三月，由於慈濟功德會在臺北市内湖園區開發之事，引來媒體的撻伐，掀起軒然大波，甚至波及到佛光山和整個佛教界。我不得以出來，以「貧僧有話要説」爲題，在《人間福報》上發表文章。原本是爲了釐清真相、説明事實而寫，預計寫一説、二説就可以結束，没想到文章發表後，支持佛教的海内外信徒、各界人士非常熱烈的回響，希望我能繼續説下去，我在感動之餘，藉此把佛光山爲社會興辦的文化、教育、慈善事業等，一切攤在陽光下，對社會和信徒做個整體性、回饋性的報告。也爲了讓佛光弟子在修行上能有所依循，我將自己九十年的體驗，例如要有慈悲、勤勞、平等的性格，要有「佛教靠我」、「與病爲友」等觀念提供出來。

文章在報上刊登時，各方湧來的回響有將近一萬篇，我出家七十七年來，從未見過佛教徒對弘法護教如此熱絡，因此將發表的四十説輯成《貧僧有話要説》，從回響中選出具有思想性、建設性的内容，編輯成《貧僧説話的回響》，兩本書一併贈送給社會大衆，期盼讀者能對「人間佛教」有正確的認識。此書簡體字版由中信出版社出版，十月底在國家博物館舉行新書發佈會。

提到出版，去年八月，天下文化創辦人高希均教授把我幾十年來對社會、佛教、大衆，乃至兩岸等相關問題的撰文論述，選了一百篇，編輯成《星雲智慧》一書。我不知道自己有多少智慧，但如高教授所言，我對社會、衆生念兹在兹，提出紀録、想法與建言，確實是我經常自勉的。

二〇一六年臺灣地區領導人大選在即。每到選舉，由於少部分人强烈的意識形態，讓臺灣族羣分裂，人民與當局相互抗爭，對立衝突，選民與政黨交相指責；社會彌漫著叫囂謾駡的硝煙，失去了和諧的禮讓友好。我生長於戰亂，深知戰爭的可怕，極不願同文同種的中國人再點燃戰火，同室操戈。因此，以趙無任之名，在《人間福報》上寫了七十篇的「臺灣選舉系列評論」文章，希望對臺灣的未來、兩岸的和平能有所幫助。後來，也由天下文化出版，書名爲《慈悲思路·兩岸出路》。

大陸和臺灣地區分治相隔六七十年，兩岸領導人終於在十一月七日見面、握手、會談。「習馬會」不只讓海內外十幾億的中華兒女欣喜感動，也令全球矚目。我有感而發寫了三篇文章，讚歎這歷史性的珍貴時刻，期待兩岸能重新向前開步，共同創造和平興盛的未來。

佛陀成道以後，仍然關心國事，有不少國王常向他請教治國之道，他還以智慧化解了兩國的戰爭。我想我也只是盡一分僧人的心力，秉持「問政不干治」的原則，關心民族社會的安危，關心百姓的幸福吧！

四月在「佛陀紀念館」舉辦「萬人歌頌偉大的佛陀音樂會」，來自佛光山各別分院及海內外五十餘個國家地區、超過一萬老中青愛樂人齊聚菩提廣場，以佛教聖歌來讚歎佛陀，以妙音來展現人間淨土的美好。

去年，我四度飛到大陸。春暖三月，我受邀出席「二〇一五年博鼇亞洲論壇」。這次增加了「宗教分論壇」，讓伊斯蘭教、基督教、佛教共同發表對世界、社會、人民的看法，非常有意義。我提出四點意見：

一、佛教希望人我和諧，不希望彼此對立。

二、佛教希望同中存異，不需要異中求同。

三、佛教希望家國和諧，不希望家國分裂。

四、佛教希望世界和平，不希望戰爭殘殺。

不同的宗教，能在一起討論人心的淨化、宗教的發揚、善行的傳播等，實在是可喜之事！

四月，適逢揚州建城二千五百年紀念，應揚州市政府之邀，在鑒真圖書館揚州講壇，連續三天講說「般若心經的宇宙觀與人生觀」。有來自廣東、河南、河北、陝西、江西、山東、內蒙、四川等萬餘人聆聽，反應相當熱烈。

接著前往北京，受邀出席人民出版社於人民大會堂舉行的簡體版《獻給旅行者365日——中華文化與佛教寶典》新書出版座談會。首刷公益贈書一百一十萬冊，並且接受《人民日報》的採訪。在各國弟子的努力下，如今《365日》不僅簡體版出版，中英文版、法文版、韓文版也已在歐、美、韓國等國家印行。

隨後應邀出席湖州市博物館「一筆字書法展開幕式」，並於湖州大劇院主持「禪與生活」講座，計有一千三百人聽講。二十日，應湖州市政府、湖州法華寺住持印可法師邀請，主持「白雀山法華寺道跡總持比丘尼真身殿重建奠基典禮」，開示並爲說偈：「總持比丘尼，觀世音化身；重建真身殿，普蔭世間人。」

於大陸地區主辦的「素食博覽會」，到二〇一五年，揚州第三屆，宜興已第四屆，一年比一年更見熱鬧盛況。也應邀出席於宜興市體育館舉辦的「茶禪四月到宜興」文化講壇，以「茶禪閒話」爲題講演，有三千多人參加。

八月，出席佛光祖庭宜興大覺寺首度的供僧法會。歷時十年重建的宜興大覺寺，十月十八日舉行大雄寶殿暨多寶白塔開光典禮，禮請中國佛教協會會長學誠和尚等十一位大師主法，各地區諸山長老齊來祝賀。現場湧入了美洲、大洋洲、亞洲、歐洲、非洲等逾八十餘國、近三萬名佛光人與會見證。

同日下午，舉行「二〇一五國際佛光會第六屆第一次理事會議開幕典禮」。佛光會自一九九二年在美國洛杉磯成立以來，年年在世界各地輪流舉辦大會、理事會，此次在大陸舉辦，可說是寫下新歷史。感謝中國政協主席俞正聲、中國國家宗教事務局局長王作安、宜興市委書記王中蘇、市長張立軍等人的大力護持，讓大會得以圓滿成功。

十一月三日，在北京師範大學英東學術會堂，與北師大人文宗教高等研究院院長許嘉璐對談「教育的智慧」。有五百多名師生聆聽，且回響和提問不斷。席間我告訴大家：佛陀的教育是自覺的教育，教育非依靠老師，而是老師點亮燈光，讓學生朝目標、朝自覺與自悟的方向去努力。

中國四大名山是佛教徒嚮往的聖地。浙江普陀山、山西五臺山、四川峨眉山，我都曾去參訪禮拜。唯獨安徽九華山一直没有因緣，此行也撥空前往參拜，圓滿佛弟子朝禮四大聖地的心願。

世間的天災人禍，見證成住壞空的無常，實令人慨歎唏噓！四月，尼泊爾大地震，災情慘重。國際佛光會與「中華搜救總會」、高雄長庚醫院等民間團體，組成「四合一救援總隊」前往賑濟，發揮了「人間有愛·同體共生」的救難精神。

另外，去年有幾件特殊、具重要意義的事情：

前年，有兩位信徒送給我一尊漢白玉釋迦牟尼佛佛首。經過多方查證，知道是河北省幽居寺供奉的三尊佛像之一，敬造於北齊天保七年（西元五五六），一九九六年被盜。

我認爲佛教文物是人類重要的文化資産，應該讓佛首回歸原處。後來國家文物局也接受我的建議，將佛身運來佛光山，讓身首合一，並留在臺灣一段時間，供民衆瞻仰禮拜，等過完年春暖花開再請回去。

因此，於五月二十三日，與中華文物交流協會會長勵小捷共同主持「金身合璧·佛光普照——河北幽居寺佛首捐贈儀式」。希望藉由佛的關係來往，讓兩岸人民在同一個信仰之下，都是一家人，都是一家親。尤其捐贈儀式在全球媒體直播下，傳送到世界各地，不僅促進兩岸間文化的交流，也讓國際人士認識佛教藝術與文化，共同建立保護文化遺産的理念。

佛的身體是法身，法身如虚空。虚空不能砍斷，佛的法身一直如如不動。但是有相的身體，則由於人的自私、缺德、圖利，而令身首分離。如今，「佛身和合」這件事，在兩岸和平來往中，應該是有意義、有價值的好事。

另外，「佛陀紀念館」於二〇一一年落成後，不斷有許多神明來參拜。於是訂定每年十二月二十五日爲「世界神明朝山聯誼會」，各地上千尊的神明在衆多信徒護擁下，相聚「佛陀紀念館」，令人讚歎宗教界的團結和諧！

由此因緣，在六月成立了「中華傳統宗教總會」。第一屆總會長由「立法院」院長王金平擔任，副總會長有佛光山宗委會主席心保和尚、「立法委員」許添財、前高雄縣長楊秋興、北港朝天宮董事長蔡詠鍀、新港奉天宮董事長何達煌等人，高雄市市長陳菊則擔任首席顧問，由佛光會中區協會督導陳嘉隆做秘書長。目前有八十二家宮廟入會，三百八十二位個人入會。

我一向主張所有宗教只要「同中存異」，不必「異中求同」，不同的信仰之間要能相互尊重，彼此包容。希望藉著總會組織，和正信宫廟及信徒友好往來，達到宗教融和、社會和諧的功能。

「人間佛教」就是佛教，就是佛陀的教法；不管傳統或現代，所弘揚的都是「人間佛教」。不過，所謂「法久則生弊」，佛法流傳久了難免有些毛病，因此，前年出席由中國國家宗教事務局主辦的「首屆兩岸中青年佛教聯誼交流會」，那時我以「談傳承」進行專題講演。

欣見兩岸中生代爲了復興佛教而聚會交流，我提議成立「中華人間佛教聯合總會」，高舉「人間佛教」的旗幟。經過幾次開會討論，於八月隆重成立。教團會員有法鼓山、靈鷲山、圓光佛學院、香光山寺、福智佛教基金會、「中華佛教青年會」、「中華佛教居士會」等近二百所寺院、佛教團體。會中推舉明光法師、慧傳法師、淨耀法師、如證法師、慈容法師、黄書瑋等六人爲輪值主席，首愚法師爲監事長，覺培法師爲秘書長。

有「會」就有力量，有「會」就有團結，祈願藉由這個組織，大家能凝聚共識，共發菩提心，振興佛教，爲人間注入真誠善美的力量，在人間締造歡喜和諧的淨土。

去年四月，接受上海副市長趙雯女士的建議，上海星雲文教館舉行揭牌儀式，加上北京光中文教館的啓

用，往後配合「星雲文化教育基金會」來推展各種文教的弘法事業，相信當能利益更多衆生。

從二〇〇九年開始，我的「一筆字」到世界各地展出已有七年；這幾年，以大陸地區的展覽最密集、最熱烈。去年展出的地點有：蘇州博物館、湖北省博物館、湖州博物館、河南博物館、寧波博物館、宜興市博物館、安徽博物院等。日復一日，我就著僅存的微弱狹小的視綫，在桌前奮勉地寫了一張又一張。字寫得好看不好看，不知道，但是心香一瓣，字字句句是我衷心爲大衆的祝福。

「佛陀紀念館」落成四年，在館長如常法師領導的團隊共同努力下，已將佛館推向國際，成爲臺灣地區的地標之一。除了瞻禮佛陀，所舉辦的論壇、講座、書展暨蔬食博覽會等文化活動，豐富多元、更具深度。如：洪易地景裝置展、上海民間繪畫展、閩臺木偶藝術展、畫說紅樓——紅樓夢畫册展、以法相會——明清水陸畫展等，以及山東雜技團、河南「玄奘」大型原創歷史豫劇、「傳燈」大型禪宗人物黄梅劇等演出。

值得一提的是，水陸畫展、水陸法會及學術研討會，體相用三者一體，於十一月在佛光山同時舉行，可説是難得的、歷史性的一刻。佛館也分别與安徽博物院、蘇州博物館締結「友好博物館」，並簽署五年合作協定，成爲兩岸博物館的佳話。

年初來自山東的孔子像和來自山西的關公像，同步在「佛陀紀念館」舉行安座典禮。從此，本館兩旁、大佛座下，有了至聖殿和伽藍殿。中華文化講究文武全才，文有文思，武有武德，現在文武二聖和佛陀在一起，也象徵著儒釋道三教的融和。九月，岳飛的青銅造像也來到佛光山。從此，佛光山不僅有諸佛、菩薩、諸上善人海會雲集，也成爲古聖先賢安住之處，令人歡喜。

在道場建設方面，去年比利時天空寺開光；巴黎佛光山、臺南福國寺也重建開光；潮州講堂新建工程上樑；日本法水寺朝山會館興建完成並開放使用。值得一提的，今年，代表「法寶」的藏經樓將完成。如此，和

代表「僧寶」的佛光山教團、代表「佛寶」的「佛陀紀念館」，由佛光大道連結成一體，整個佛光山「佛法僧」三寶俱全了。

老病死生，是世間的實相，是宇宙顛撲不破的真理。今年我九〇歲了，雖然身軀老邁，但我依然如孔子言「發憤忘食，樂以忘憂」，寫字、寫文章、開示、録影、會客、課徒等，仍是我精勤不懈的工作。

我在臺灣弘法近七十年，而剛滿五〇歲的佛光山，正值蓬勃興盛、成熟穩健的壯年。期勉所有佛光弟子能繼續以熱忱、活力爲大衆服務，也祝福各位朋友新的一年平安吉祥、福慧圓滿！

星雲二〇一六年元旦

於佛光山開山寮